Anne Bony
avec la participation
de Flavien Gaillard
et Edouard Bernard

JEAN-LOUIS AVRIL

Un architecte du carton

Avant-propos

Qu'est-ce qui pousse pendant près de vingt ans deux collectionneurs à accumuler la production d'un designer français comme Jean-Louis Avril ?

Cette question est longtemps restée sans réponse, même si la forme et les couleurs de ces « containers » sont uniques et animent nos appartements depuis deux décennies. Vivre avec des meubles en carton celloderme est une expérience, or, bon nombre de personnes doutent de ses propriétés et ne reconnaissent pas le matériau laqué qui a une texture si particulière. Monter sur une chaise de ce mobilier reste un défi qui affole toujours le public.

C'est cette période des années 1960-1970, pleine d'insouciance et d'expérimentations, qui nous fascine. Cette époque audacieuse des Trente Glorieuses, riche d'une nouvelle génération d'architectes et de designers, a permis l'essor du design en France. Jean-Louis Avril, dès 1966, saisit l'opportunité de détourner le carton, mettant au point avec le celloderme une gamme de meubles qui deviennent structure, forme et surface à la fois. Ce procédé innovant est unique et va attirer d'autres créateurs à la recherche de nouvelles possibilités. L'esthétique de son mobilier sériel est celle d'une époque, comme en témoignent les créations des artistes Guy de Rougemont, Daniel Buren, André Cadere ou encore de l'architecte Émile Aillaud et ses tours nuages.

La quête de ces œuvres nous fait redécouvrir la révolution dans nos maisons avec les « totems » colorés sans complexe et fonctionnels, qui animent nos intérieurs et les chambres de nos enfants.

C'est seulement aujourd'hui que Jean-Louis Avril apparaît comme visionnaire dans son choix d'un matériau naturel, peu coûteux et recyclable, qui, soixante ans plus tard, résonne encore comme une réponse aux préoccupations écologiques actuelles.

C'est la transmission du carton, de l'œuvre de Jean-Louis, du design, d'une époque que nous sommes ravis de partager avec vous aujourd'hui.

Edouard Bernard et Flavien Gaillard

Sommaire

Introduction

La génération de l'après-guerre découvre les possibilités des nouveaux matériaux pour créer des objets industriels accessibles aux consommateurs. La technologie des plastiques prend le pouvoir, pour des produits à la fois rigides et légers, souples et transparents, colorés et décoratifs. Les matériaux de synthèse bouleversent les structures de fabrication. Alors que certains pays comme l'Italie ou les États-Unis croient au changement, la France est lente à engager sa révolution en design. Imaginatifs, inventifs et théoriciens, les designers cherchent à échapper à la consommation galopante et imaginent une voie de traverse. Ils puisent leur inspiration dans les théories de Victor Papanek, dans les propositions écologiques de militants du DIY (*Do it yourself*) en Californie, et choisissent des matériaux recyclables. Le papier, le carton à base de fibres naturelles devient LA solution pour l'architecte Jean-Louis Avril, qui impose son processus de création « une forme / un matériau », dans une décennie marquée par la fascination pour les gadgets et la création de mobilier avant-gardiste. C'est par la forme du « container », utilisée également par les plus grands designers à cette époque, qu'il va développer toute une ligne de meubles aux couleurs pop. Jean-Louis Avril milite pour un design responsable, pour une génération consciente de son futur.

Jean-Louis Avril,
33, rue Croulebarbe,
Paris 13ᵉ, 1967.

Une jeunesse mouvementée

Né le 21 avril 1935 à Saint-Nazaire, Jean-Louis Avril grandit à Tours, où son père tient commerce. Suite au déménagement de la famille à Toulon, l'orientation professionnelle du père change, lequel travaille dans l'immobilier. L'équilibre vacille, les parents divorcent, sa mère reste à Toulon où elle épouse un industriel. En 1945, il a dix ans, son père traverse la Méditerranée et s'installe au Maroc, où il devient agent immobilier à Casablanca. Il emmène ses fils, qui seront scolarisés jusqu'à la fin de leurs études secondaires au lycée Gouraud à Rabat. Pensionnaire chez les franciscains, Jean-Louis Avril se souvient : « C'était un peu comme un service militaire mais qui a duré de l'âge de dix à dix-neuf ans. » Sa scolarité est chaotique, mais il se distingue par le sport (le saut en hauteur, le rugby) et le dessin, discipline dans laquelle il excelle. Il produit surtout des dessins techniques, avions, automobiles, qu'il offre à ses amis. Son année est cadencée par les vacances en France, où il retrouve sa mère. Il quitte finalement le Maroc pour finir ses études à Tours, où il passe son baccalauréat en 1954. Il décide alors de poursuivre des études d'architecture à Paris. « Mon père m'a convaincu d'être architecte, il était à leur contact sur ses opérations immobilières, il trouvait que c'était un métier plus gratifiant que le sien, il m'a poussé à aller dans cette direction. »

Jean-Louis Avril, 1967.

Les années d'apprentissage

À Paris, où il s'installe pour suivre ses études, Jean-Louis Avril réside à la cité universitaire dans le pavillon du Maroc, inauguré en 1953 et construit par l'architecte Albert Laprade. Il observe sur le site la construction du pavillon du Brésil de Lúcio Costa et Le Corbusier, qui est inauguré en 1959. Il est impressionné par cette architecture qui s'impose comme une œuvre représentative du mouvement moderne au XXe siècle, avec l'utilisation du béton brut de décoffrage, les jeux d'opposition entre les masses et les matières, la polychromie, le recours à la préfabrication ainsi que la conception rationaliste des espaces intérieurs, dont le mobilier est dessiné par Charlotte Perriand et Le Corbusier.

Après un court passage à l'École spéciale d'architecture, il intègre l'École nationale supérieure des beaux-arts en 1955, dans l'atelier Perret (celui-ci vient de mourir), dirigé par Paul Herbé (1903-1963), chef d'atelier, assisté d'André Remondet (1908-1998). L'environnement de la rue Jacques-Callot est extrêmement stimulant, en particulier lorsque Édouard Albert (1910-1968) prend la succession d'André Remondet en 1959. Il est l'architecte du premier gratte-ciel à Paris, la tour Albert, 33, rue Croulebarbe (1957-1959). Jean-Louis Avril lui voue une grande admiration, devient son assistant et commence à enseigner dans l'atelier dès 1967. Le hasard a voulu qu'il emménage avec son épouse dans ladite tour Albert en 1966, d'abord au 10e étage puis au 20e. Autre figure marquante de l'école, Jean Prouvé y enseigne la « construction ». Cette rencontre l'influence car la technique le passionne. En 1961, il est proposé au Grand Prix de Rome pour l'architecture et séjourne à Fontainebleau pendant un mois. Il n'y aura pas de premier prix, mais deux deuxièmes prix décernés à Gérard Grandval et à Jacques Labro. Jean-Louis Avril est diplômé DPLG en 1964. Le jeune architecte évoque ses maîtres : « Mies van der Rohe, Louis Kahn et Le Corbusier ont développé une œuvre, ils avaient un souffle. » L'étudiant rencontre Le Corbusier à la signature d'un de ses livres aux éditions Vincent Fréal. Il forge son opinion sur la recherche architecturale, affirme qu'elle n'a rien à voir avec la recherche de formes et regrette que le mouvement moderne ne se soit pas stabilisé, que le rationalisme n'ait pas trouvé son classicisme. « Le post-modernisme est une rechute. »

À cette époque, il fréquente un étudiant plus jeune que lui, Roland Castro (1940-2023), dont il se sent très proche — ce dernier est engagé dans un parcours politique d'extrême gauche. Membre du Parti socialiste unifié, Castro rejoint l'Union des étudiants communistes en 1962 et devient maoïste dans les années 1970. Jean-Louis Avril se souvient : « Proche de lui, je me suis trouvé embrigadé avec les sympathisants du parti. » Dans une réunion publique, Castro affirme : « Je suis architecte, j'ai connu Lacan, j'ai connu Braudel, mais celui qui m'a tout appris en architecture, c'est Jean-Louis Avril. »

Ces années de contestation marquent profondément leur génération d'étudiants, comme le rappelle Jean-Louis Avril : « Mai 68 a été une déflagration mondiale. L'école était en grève, je n'allais pas sur les barricades mais dans les AG, j'avais trop peur. Je me rappelle une scène comique. Tout le monde pouvant entrer à l'École des beaux-arts, un jour arrivent la styliste Christiane Bailly et Andrée Putman, dans l'amphithéâtre où étaient exposées les affiches conçues pour soutenir le mouvement. Andrée Putman s'extasie, Christiane Bailly lui précise que ce sont des affiches militantes. » Jean-Louis Avril évolue au milieu d'artistes, de designers, d'architectes, de couturiers, tels que Quasar Khanh, Paco Rabanne, les membres d'A.J.S. Aérolande, Aubert, Jungmann et Stinco.

Jean-Louis Avril démontrant la solidité de son mobilier en celloderme, 1967.

Profession architecte

Plus occupé à défendre les idées de la gauche aux Beaux-Arts avec Castro, il pense qu'il a le temps, prenant exemple sur Louis Kahn, qui n'a commencé à construire qu'à l'âge de cinquante ans. Il se passionne pour la réflexion théorique, lit beaucoup de textes. « Je cherchais les clefs de l'invention de la recherche architecturale. »

Jean-Louis Avril en convient, « j'ai été un architecte de papier, plutôt que de chantier ». Au début de son parcours, il dessine des bâtiments pour un homme d'affaires, dont il ne souhaite pas se souvenir, une architecture sans risque et qui préconisait un goût pour « une modernité pérenne ». Il construira également plusieurs maisons individuelles pour des amis ou la famille, dans le Larzac et dans l'Yonne.

Il affirme son goût pour le dessin, la peinture et la couleur. Il présente ses œuvres au père d'un ami étudiant, René Drouin, fondateur d'une galerie d'art moderne et contemporain qui porte son nom, située rue Visconti. Découvreur des formes de l'abstraction, ce dernier l'encourage à poursuivre sur cette voie. Sa curiosité pour la peinture est attisée par un autre étudiant, Antoine Stinco (1934-2023), qui lui donne accès à l'art et au design italiens. Excellent dessinateur, il l'introduit à l'univers des galeries, où Avril découvre les peintres de l'École de Paris.

Il lui présente également le peintre Biagio Pancino (1931), dont il devient un ami très proche. Son œuvre peinte et sculpturale abstraite est empreinte d'un hédonisme joyeux, il aime la couleur et la projette dans ses sculptures dynamiques, il anime ses toiles de gestes mouvementés. De leur amitié découlent des expériences communes, une liaison de leurs univers créatifs qui se traduit dans les œuvres ; Pancino peint une chauffeuse en carton de larges traces de couleur (1967) et des sculptures polychromes en carton. Leur proximité se traduit aussi par l'achat de maisons voisines dans l'Yonne, où se trouve toujours l'atelier du peintre. Pancino connaît un succès certain, à l'époque, ses collectionneurs sont Paco Rabanne et Pierre Cardin.

Chauffeuse peinte par Biagio Pancino, 1967.

Jean-Louis Avril aurait pu entrer dans l'histoire de l'architecture s'il avait pu obtenir la commande de villa de son ami Dominique Boudet, fondateur de la revue *AMC* (Architecture mouvement continuité) ; sa maquette témoigne d'un engagement moderne[1]. Mais après de nombreuses tergiversations, ce dernier choisit Rem Koolhaas, qui réalise sa villa Dall'Ava (1991) à Saint-Cloud. Plusieurs années plus tard, il participe à un concours pour le projet d'aménagement de l'île Seguin en octobre 1993, « une démarche vers un projet urbain », associé à Renzo Piano et à Paul Chemetov.

Le choix du carton, les éditions Marty-L.A.C.

La vie intellectuelle pendant ses années d'études à l'École des beaux-arts est intense, l'avenir est à la jeunesse. Lacan et Lévi-Strauss, Althusser et Foucault, Debord et bien d'autres publient ces années-là des ouvrages fondateurs, leur pensée anime les projets. Les ouvertures sont multiples. Proches de lui, de jeunes architectes — Aubert, Jungmann et Stinco — cèdent aux joies du gonflable, ils animent en compagnie d'Hubert Tonka la revue *Utopie*.

L'aventure du meuble en carton pour Jean-Louis Avril naît d'une opportunité familiale. Il fait la connaissance de Michèle Marty en 1957, elle a vingt ans et achève ses études d'ingénieure chimiste. En 1965, année de leur mariage, il découvre l'activité de son beau-père, qui travaille à la Compagnie sucrière de Pithiviers en tant qu'agent commercial pour vendre du carton produit par l'usine sucrière.

Jean-Louis Avril se souvient du début de sa rencontre : « J'épouse la fille de Marty, je vais au Perreux chez eux et j'y découvre les bidons produits par l'usine. Après une visite approfondie du site de production et de ses outillages, j'ai immédiatement envisagé la possibilité d'en faire des meubles. J'ai choisi quelques containers dont le diamètre était suffisant pour s'y asseoir, des cylindres avec coupelles. J'ai commencé à les découper, c'était très dur. Le prototype a plu à mon beau-père, il a une vision technique et aucune culture artistique. Il constate le côté inventif et scientifique du procédé, adhère tout de suite au projet et s'investit dans sa réalisation. Il m'a forcé à déposer un brevet et à déposer les modèles. » Les premiers prototypes sont réalisés au dernier trimestre 1966. Le brevet d'invention est déposé

LA MAISON EN MOUSSE

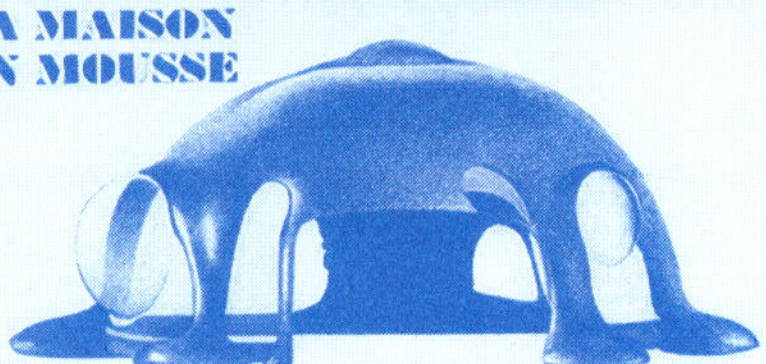

Cette maison est le résultat des recherches conjuguées du sculpteur César et du designer Roger Tallon. Sur une structure (treillage métallique), on projette une mousse de polyuréthane. Encore à l'état de prototype, cette maison présente de nombreux avantages : pas de limite de surface, liberté de choisir n'importe quelle forme, prix de mise en œuvre réduit (1 500 F pour 64 m², main-d'œuvre et équipement non compris).

LA MAISON GONFLABLE

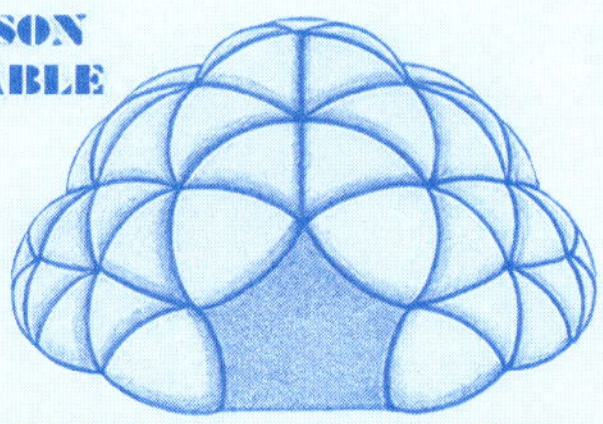

Composée de quatre-vingt-seize ballons de 1,20 m, vissés ensemble pour former un dôme de 6 mètres de diamètre et de 5 mètres de hauteur, la maison gonflable « G 96 » est due au talent du designer Bernard Quentin. Elle ne requiert aucun ancrage : les sphères de soubassement sont gonflées d'eau. Trois heures seulement pour la monter. Prix : environ 5 000 F.

LA MAISON EN CARTON

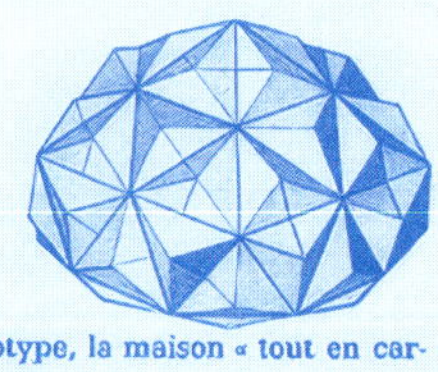

Encore à l'état de prototype, la maison « tout en carton » a, néanmoins, déjà fait une démonstration éclatante de ses possibilités, sous la forme d'un stand d'exposition, au dernier Salon de l'emballage. Ce dôme d'exposition, préfiguration-type de la maison envisagée, est une coupole composée de cent vingt éléments triangulaires identiques (en carton imperméabilisé et ignifugé) assemblés par trois. Conçue par l'architecte et ingénieur D. G. Emmerich, elle est réalisée par l'architecte Jean-Paul Jungmann (pour le compte de Kaysersberg). La surface habitable est de 55 m². Poids total 406 kg. Son prix de revient, non encore fixé, sera très faible.

le 15 avril 1966 et enregistré en février 1967, libellé comme suit : « À partir de feuilles planes de carton (dit à l'enrouleuse) brut à peindre ou contrecollé d'un matériau de revêtement naturel ou synthétique, le présent procédé de fabrication permet d'obtenir des meubles : sièges, tables ou éléments de rangement de formes et dimensions diverses. Le procédé de fabrication est le suivant : découpage à plat par presse selon le dessin développé de la forme du meuble à obtenir ; mise en forme du ou des éléments constitutifs du meuble par rouleuse ou presse emboutisseuse selon les cas, moyen de jonction des divers éléments : collage, rivetage ou agrafage[2]. »

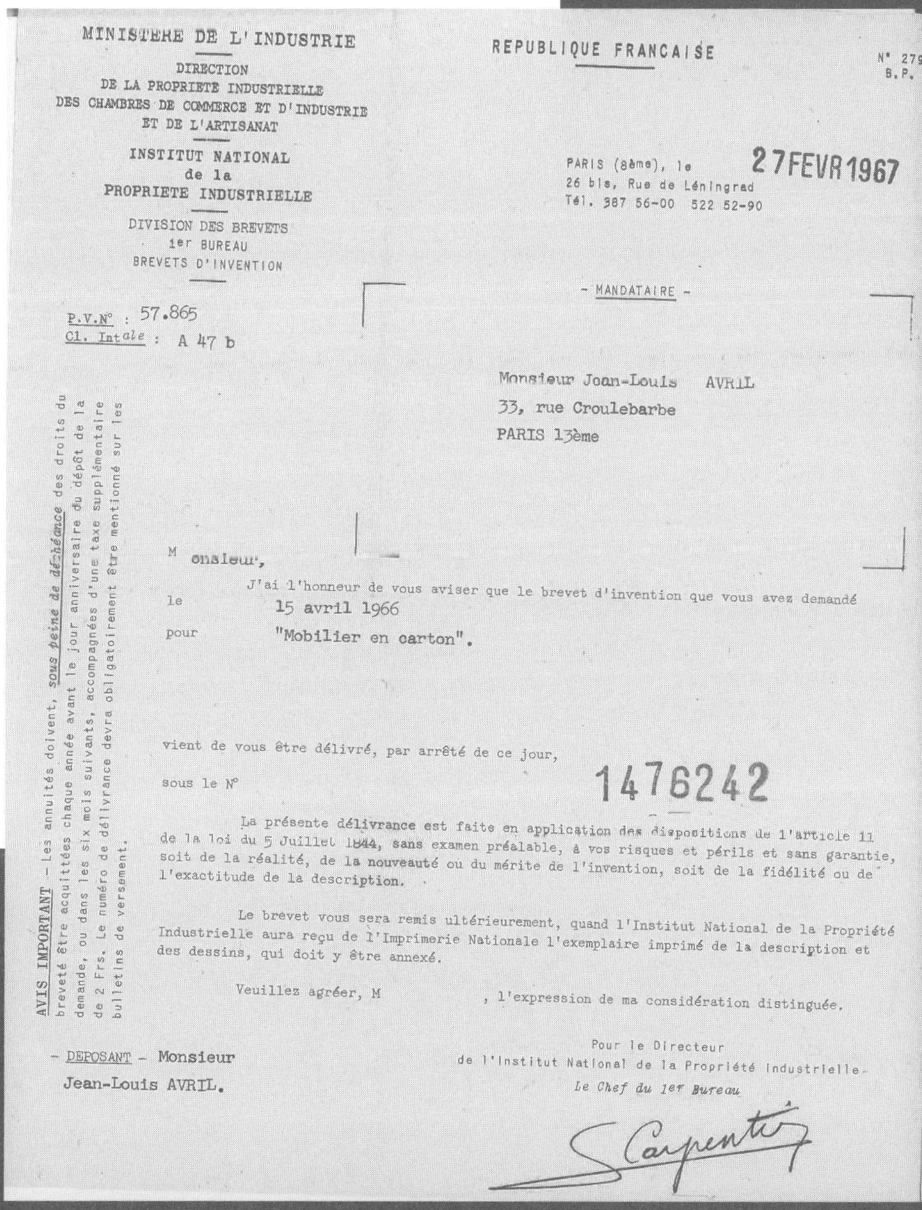

MINISTERE DE L'INDUSTRIE

DIRECTION
DE LA PROPRIETE INDUSTRIELLE
DES CHAMBRES DE COMMERCE ET D'INDUSTRIE
ET DE L'ARTISANAT

INSTITUT NATIONAL
de la
PROPRIETE INDUSTRIELLE

DIVISION DES BREVETS
1er BUREAU
BREVETS D'INVENTION

REPUBLIQUE FRANCAISE

N° 279
B.P.

PARIS (8ème), le 27 FEVR 1967
26 bis, Rue de Léningrad
Tél. 387 56-00 522 52-90

P.V.N° : 57.865
Cl. Intale : A 47 b

- MANDATAIRE -

Monsieur Jean-Louis AVRIL
33, rue Croulebarbe
PARIS 13ème

Monsieur,

J'ai l'honneur de vous aviser que le brevet d'invention que vous avez demandé
le 15 avril 1966
pour "Mobilier en carton".

vient de vous être délivré, par arrêté de ce jour,

sous le N° 1476242

La présente délivrance est faite en application des dispositions de l'article 11 de la loi du 5 Juillet 1844, sans examen préalable, à vos risques et périls et sans garantie, soit de la réalité, de la nouveauté ou du mérite de l'invention, soit de la fidélité ou de l'exactitude de la description.

Le brevet vous sera remis ultérieurement, quand l'Institut National de la Propriété Industrielle aura reçu de l'Imprimerie Nationale l'exemplaire imprimé de la description et des dessins, qui doit y être annexé.

Veuillez agréer, M , l'expression de ma considération distinguée.

AVIS IMPORTANT – Les annuités doivent, *sous peine de déchéance* des droits du breveté être acquittées chaque année avant le jour anniversaire du dépôt de la demande, ou dans les six mois suivants, accompagnées d'une taxe supplémentaire de 2 Frs. Le numéro de délivrance devra obligatoirement être mentionné sur les bulletins de versement.

- DEPOSANT - Monsieur
Jean-Louis AVRIL.

Pour le Directeur
de l'Institut National de la Propriété Industrielle
Le Chef du 1er Bureau

À gauche, article sur les maisons individuelles préfabriquées utilisant les nouveaux matériaux.

À droite, brevet d'invention pour le mobilier en carton, 15 avril 1966.

Très entreprenant, son beau-père constitue une société de production des meubles en celloderme. La société s'appelle Marty-L.A.C. (Les applications du carton). Son gendre en devient le directeur artistique, il dessine les modèles. Un atelier de production ouvre à Nangis (Seine-et-Marne), dans le local d'un fabricant traditionnel de valises en carton qui a une machine pour faire les flancs de valise. Monsieur Marty mène de front ses deux activités : il continue de vendre du carton et dirige la nouvelle société. Il équipe l'atelier d'une rouleuse à froid « à tôle », d'une machine à fabriquer les fonds. Jean-Pierre Bourson, technicien, les rejoint pour assurer la mise en œuvre des modèles. Au fil du temps, l'équipe s'accroît, avec le succès commercial des produits, de quatre ou cinq employés. La société Marty-L.A.C., au plus fort de sa production, emploiera jusqu'à vingt personnes. « Sans mon beau-père pour la commercialisation, sans Bourson pour l'intelligence des matériaux, les meubles n'auraient pas existé. » La société vend les meubles ainsi que d'autres objets en carton.

L'usine à Nangis, 1967.

Le celloderme

Il existe trois types de cartons : le carton ondulé, le carton continu (couches contrecollées) et le celloderme (carton à l'enrouleuse). Les propriétés du celloderme sont remarquables. Grâce à son principe de fabrication, il possède des caractéristiques mécaniques très supérieures à un carton compact en continu et présente une excellente résistance à l'eau. La matière est obtenue par transformation : une enrouleuse accueille une pâte constituée de papier, bois, chiffons, fibres, vieux cartons, réduits en poudre en suspension. La machine s'arrête lorsque l'épaisseur de la feuille est atteinte. Les feuilles de carton sont alors séchées sur des toiles qui y laissent leurs empreintes. Le designer en apprécie l'effet de texture, le toucher d'une grande douceur, l'aspect chaleureux et la finition artisanale, puisque chaque feuille est unique dans sa composition. Après séchage, les feuilles mesurent 1 mètre sur 2.

L'architecte imagine un langage simple et juste sur le plan du design. Les propositions affichent des idées fortes : une belle forme, une fonction pratique, un prix accessible et une grande durabilité. « Je n'ai jamais pensé ces meubles comme des réalisations éphémères. J'avais l'ambition de réaliser un design populaire, accessible au plus grand nombre. J'avais un point de vue très naïf sur la possibilité de rendre le design populaire. » Architecte passionné de modernité, il imagine un mobilier faisant écho, à son échelle, aux principes de l'UAM (Union des artistes modernes), qui tire profit des ressources de l'industrie. Il suit également les initiatives des créations de l'époque, rencontre Marc Held à sa boutique L'Échoppe, rue de Seine.

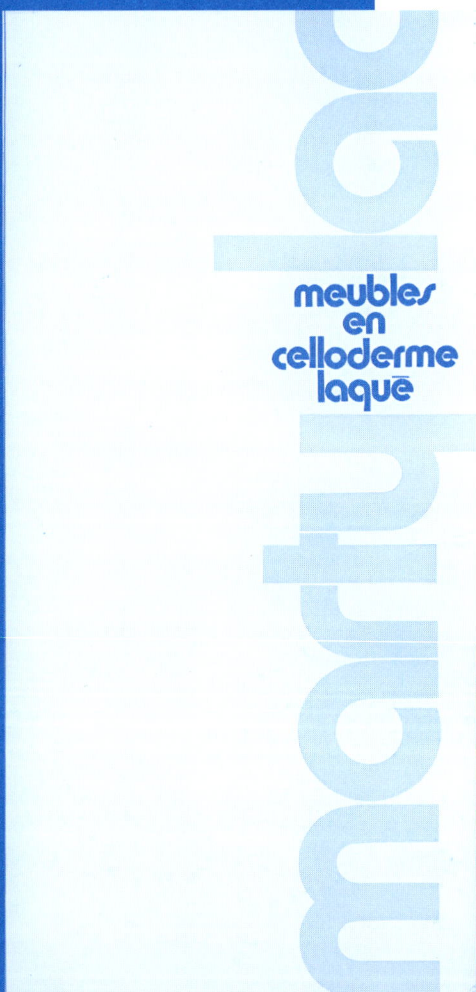

Guidé par une logique constructive couplée à ce matériau industriel qu'est le carton, Jean-Louis Avril se place comme l'héritier de ses maîtres, allant pervertir, comme nous le rappelle Gilles de Bure, « l'outil de production, modifiant ici, élaguant là, rajoutant ailleurs et présentant une collection de meubles en carton celloderme qui préfigurait les containers… ».

Jean-Louis Avril assume son engagement : « L'absence d'ambition esthétique donnait une force singulière à nos créations. On était en quête de techniques nouvelles pour des formes nouvelles[3]. »

Principes de production et modèles

L'organisation de l'atelier est efficace, les opérations sont mécanisées. Les modèles ne sont pas vendus en kit, mais moulés, tendus, agrafés et collés, par l'application du même principe de production industrielle du bidon à l'objet mobilier. Le cylindre, forme primaire, est stable et devient l'ADN de ses collections. « Le cylindre est très meublant, l'architecture est en général orthogonale ; par contraste, cette forme est intéressante. »

À gauche, plaquette commerciale des meubles en celloderme Marty-L.A.C. (Les applications du carton), 1973.

À droite, vue de l'usine à Nangis, vers 1970.

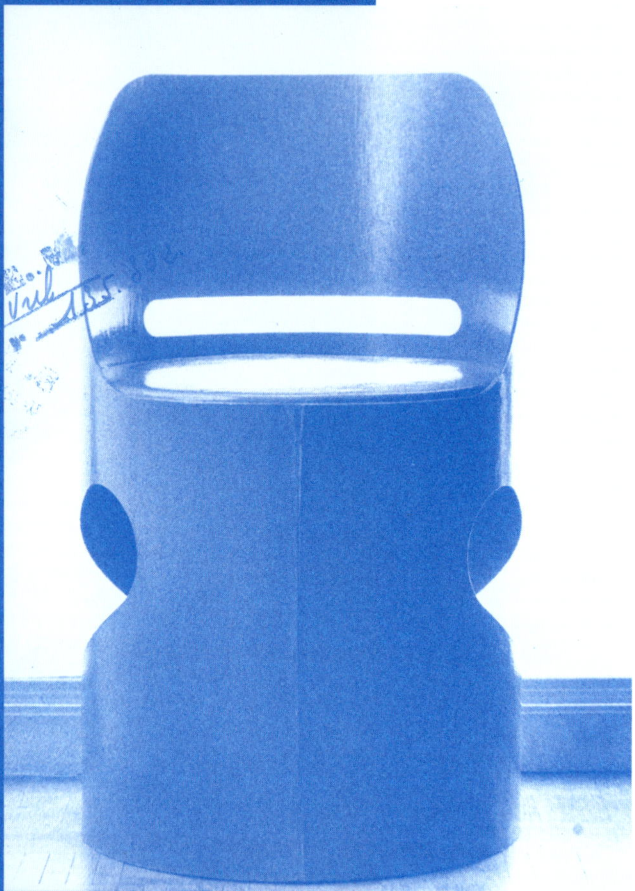

Le processus de fabrication du fauteuil permet de comprendre le mode de construction appliqué aux meubles en carton. Le développé du cylindre destiné à constituer la « jupe » du siège est découpé dans la feuille de carton par une lame fine suivant un gabarit, opération qui est réalisée à Paris chez un artisan installé dans le 13e arrondissement. La feuille découpée est ensuite formée dans une rouleuse à froid « à tôle » dont la courbe est réglée selon les besoins, la machine se trouvant dans l'atelier de Nangis. Rien ne se perd. « J'aime à recycler les chutes qui me permettent de produire des martingales. La martingale sert pour se saisir du siège au niveau du dossier, cela procure également une souplesse et un agrément esthétique à l'objet. » L'opération suivante consiste à réaliser les coupelles qui forment assises ou étagères et qui assurent la solidité de l'ensemble. Les formes circulaires sont humidifiées au bord et embouties à chaud sur une machine située dans l'usine sucrière. L'on procède ensuite à l'assemblage des éléments par agrafage.

Le premier modèle déposé à la Spadem le 14 février 1967 est un fauteuil. Le diamètre de l'assise est de 50 centimètres, c'est la dimension de la plus grande coupelle. Après le fauteuil, Jean-Louis Avril imagine le pouf. Toute la collection va se décliner à partir des mêmes principes de conception et de fabrication, grâce auxquels on obtient une grande variété de modèles et de fonctions. Les premiers meubles sont photographiés par Clovis Prevost, un ami étudiant.

La collection compte près de cinquante modèles en carton et se déploie entre 1967 et 1973, année de la mort de M. Marty. Plusieurs typologies de meubles sont explorées.

Sièges : chauffeuse (D 50 × H 100 cm), chaise à dossier haut (D 50 × H 80 cm), chaise à dossier bas (D 50 × H 65 cm), chaise enfant huit ans, chaise enfant *Éléphant* (D 35 x H 50 cm), chaise enfant premier âge (D 28 x H 40 cm), tabouret empilable, tabouret haut, tabouret bas.

Tables : table octogonale (deux hauteurs, 35 et 75 cm), table basse (100 x 60 x 35 cm), table basse (avec adaptateur table haute), table enfant grand modèle, bureau (deux longueur, 109 et 135 cm), bureau premier âge, bureau enfant huit ans, chevets 1, 2, 3 et 4 coupelles (deux diamètres, 35 et 42 cm).

Rangements : colonnes de rangement 4, 5 et 6 coupelles (deux diamètres, 35 et 42 cm), coffre à jouets, étagère murale, bar petit et grand modèle.

Éléments de bibliothèque : de 5 hauteurs entre 20 et 40 cm (L 80 x P 30 cm), modulable et empilable.

Luminaires : lampe *Lune*, chevet lumineux *Galaxie*, colonne lumineuse.

Divers : lit, banquette-lit de repos, berceau, cintre petit et grand modèle, corbeille, banc, coffre à linge.

À gauche, chaise déposée à la Spadem, 1967.

À droite, vue d'une partie de la gamme celloderme.

Parmi les modèles iconiques de JLA, on trouve le fauteuil *Éléphant* (1968) pour enfant et la lampe *Lune* (1968).

L'autre volonté de Jean-Louis Avril est de proposer ses modèles dans plusieurs finitions. « J'aime célébrer la beauté de la matière, à la manière de l'architecture brutaliste. Comme le béton brut, j'aimais le carton brut, mais il fallait tout de même le vernir, sinon il se tâchait. » Le celloderme pouvait être proposé avec une finition colorée en laque Sikkens (palette de cent couleurs) à la demande des clients.

La géométrie en volume des modèles est motivée par la matière mais aussi par une réflexion sur le plein et le vide. Le choix des découpes dans le cylindre, un trou circulaire ou en biais provoquent une sensation d'unité entre le bas et le haut du fauteuil. L'effet esthétique est constamment associé à un côté pratique, la maniabilité. Sur le type de rangement-colonne vertical, il imagine aussi des ouvertures en quinconce. Sa recherche est motivée par une alchimie de formes géométriques, en témoignent ses croquis et ses plans. « Je procède à un mouvement double, je cherche à satisfaire un besoin par une forme agréable, un projet de design moderniste[4]. »

L'époque est propice à accueillir cette pensée réformatrice. Il imagine une collection de son temps qui représente le goût d'une génération, les baby-boomers. Le design du mobilier en carton, adaptable et recyclable, suscite

À gauche, bureau d'enfant et chaise *Éléphant* déposés à la Spadem le 7 juillet 1967.

À droite, coffre à jouets, bureau et chaise d'enfant premier âge, vers 1968.

une véritable effervescence médiatique avec de nombreuses parutions dans la presse. Un premier article en témoigne, qui s'intitule « Une bombe, les meubles en carton[5] ». « Les créateurs d'aujourd'hui jouent plus encore sur le matériau que sur la forme… Les meubles 1967 en carton, s'ils sont encore un peu chers, sont déjà les prototypes d'un nouveau style très hardi. Ils dépanneront les jeunes ménages aux goûts avancés, égaieront les chambres d'enfants et arrangeront bien la maison de vacances louée. » Sur une pleine page, Marie-Claude Dumoulin présente un shopping de meubles essentiellement consacré aux créations de JLA : « Table basse vernie (34 F), table basse peinte (48 F), le fauteuil verni (50 F), le fauteuil peint (82 F), table de nuit à étages vernie (63 F, peinte (89 F), table de nuit à étages vernie (63 F), peinte (89 F), et un rangement rouge (120 F), verni (95 F) (en celloderme Jean-Louis Avril chez M.O.U.) ». Deux mois plus tard, le journaliste Gilles de Bure aborde le sujet et intitule l'article sobrement « Les meubles en carton[6] ». Il évoque l'apparition à Paris des meubles en carton tant anglo-saxons que français. « Le précurseur de ce mouvement est un jeune designer anglais de trente ans, Bernard Holdaway, qui a, en 1966, par ses créations, approché de très près les conceptions actuelles de fabrication de ces meubles d'un genre très nouveau… Si *Tomotom* et Holdaway sont des noms connus dans ce département du design contemporain, il en va de même maintenant de celui d'un jeune architecte français de trente-deux ans, Jean-Louis Avril, qui crée lui-même ses meubles entièrement en carton. Assistant aux Beaux-Arts,

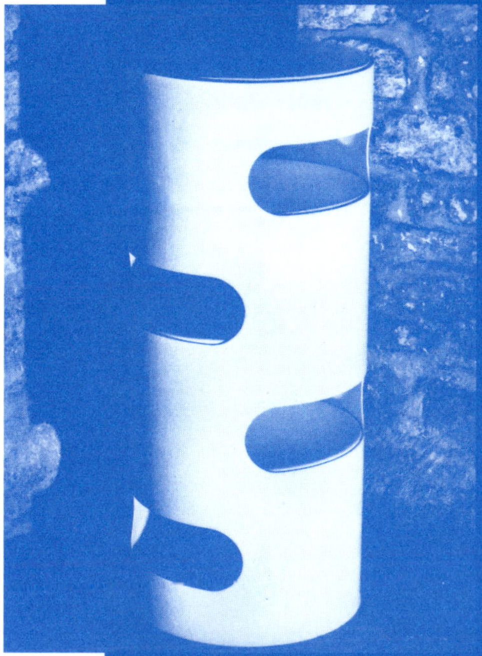

Colonne de rangement, 1967.

il s'est toujours senti instinctivement attiré par l'aménagement intérieur, considérant que tout architecte se devait de se pencher sur ce problème (n'est-il pas significatif de constater que tous les grands architectes du xxe siècle ont fait œuvre de designer et par là même influencé fondamentalement les créations de leur époque ?). »
Le journaliste décrit l'équipe du magasin *Puzzle*, un lieu de vente qui assure la distribution des meubles d'Avril, situé 4, rue Vide-Gousset, près de la place des Victoires, et dirigé par Mme Willar, laquelle réunit une pléiade de jeunes talents qui créent exclusivement pour elle : Yvan et Annie Chazottes, Yves Poyet, qui conçoivent des papiers peints, des lampes-appliques ; Henri Minost, des suspensions en carton à assembler ; Jean-Louis Avril, les meubles — fauteuils, poufs, et « bars » comprenant des cases pour les verres, les bouteilles, les revues. Déjà montés, ils se présentent en version brute, vernie ou laquée. « Leur ligne est élégante et leur solidité reconnue si l'on en juge par les exercices que nous leur avons fait subir[7]. »

Chambre d'enfant, 1970, comprenant : bibliothèque modulable, bureau, chaise, lampe *Lune* et lit.

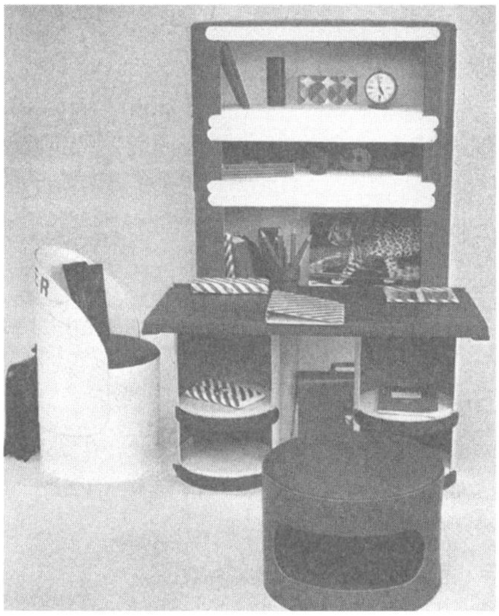

Sélection de mobilier en carton brut et version avec papier adhésif coloré.

Les couleurs « pop » séduisent la jeunesse. Les meubles en carton autorisent une liberté d'interprétation colorée qui procure une touche d'originalité dans les intérieurs. Les articles de presse valident cette interprétation chromatique. « La couleur apporte chaleur et joie[8]. » Blanc, vert, rouge, jaune, violet ajoutent une note décisive au décor.
Ces choix sont inspirés par le mouvement américain Pop Art de Tom Wesselmann, Andy Warhol ou James Rosenquist.
Cet univers coloré influence le design. En France, l'initiative de Prisunic en 1968 met en avant le mobilier de jeunes designers : Terence Conran, Marc Held, Gae Aulenti, Olivier Mourgue, Danielle Quarante et Jacques Tissinier. Les meubles sur catalogue sont présentés avec une mise en page innovante imaginée par MAFIA. Marc Berthier propose aux Galeries Lafayette en 1965 des meubles pour enfant, la collection *Ozoo* aux couleurs vives, éditée par Roche Bobois.

Ces expériences françaises sont inspirées par les éditions industrielles des architectes italiens, tel Joe Colombo, que Jean-Louis Avril considère comme « un très grand créateur » et qui conçoit en 1963 un système de rangement pour Bernini, pour lequel il recevra la médaille d'or à la XIIIe Triennale de Milan en 1964. Cette colonne de rangement modulable préfigure toutes les versions à venir dans la mouvance des containers de Jean-Louis Avril. À la même époque, Anna Castelli Ferrieri crée le *Componibili*, succès international, toujours édité par Kartell aujourd'hui, un principe simple d'éléments de rangement en plastique ABS, analogues aux chevets ou aux colonnes d'Avril, mais avec des portes coulissantes d'un diamètre de 32 centimètres. En Allemagne, c'est Olaf von Bohr qui conçoit une bibliothèque empilable en plastique modèle *4964* et une lampe *Laura* pour Frame Milano en 1970, deux créations basées sur les mêmes principes que les modèles de Jean-Louis Avril. Tous ces créateurs se sont concentrés sans exception sur les colonnes de rangement, fermées ou ajourées, qui vivent dans les intérieurs telles des sculptures. Guy de Rougemont ou encore Daniel Buren seront les artistes français qui sublimeront cette forme sous différents formats ou installations.

Colonne de rangement entourée de mobilier en carton de Bernard Holdaway, 1967.

À droite, appartement de Laurent Sully Jaulmes. Sculpture de Guy de Rougemont et chaise haut dossier, vers 1968.

En 1972, Jean-Louis Avril commente la situation de l'entreprise : « Nous n'en sommes encore qu'à un stade artisanal de fabrication, ce qui fait que ces meubles, que je voulais très bon marché, restent chers… Quand je dis que c'est cher, tout est relatif : après tout, on a un mobilier moderne de forme et aussi solide que celui en bois. Je reviens sur cet aspect, je vais faire toute une série de prototypes pour un mobilier d'enfants. Rien de plus souple et de plus résistant pour des gosses : on peut toujours essayer de déchirer le carton : même un adulte n'y arriverait pas…[9] » Ce qui est particulièrement intéressant et prospectif dans la démarche du designer est justement cette pensée de meubles destinés à différentes classes d'âge, les deux trois ans, les enfants de huit à douze ans et les adultes. Il touche une cible nouvelle de consommateurs. La presse se passionne pour le sujet et publie de nombreux intérieurs de chambres d'enfant. Plusieurs créateurs se mobilisent sur cette cible — Marc Held, Patrick Gingembre, Patrick Arlet, Pierre Bacou et Daniel Pigeon. « Pourquoi ne pas laisser l'enfant se créer son propre cadre sans lui imposer le carcan des habitudes d'adultes[10] ? » Une réflexion alimentée par les nouvelles propositions sociologiques et pédagogiques autour de la réalité de l'enfance.

Bureau et chaise d'enfant, vers 1968, *Le Journal de la maison*, n° 19, juin 1972.

Carte de visite de la société Marty-L.A.C.

Stratégie commerciale

La société Marty-L.A.C. déploie une stratégie commerciale : un catalogue, des points de vente et une exportation en Angleterre avec Hull Traders Ltd.

La collaboration avec Hull Traders Ltd[11] en 1967, une société anglaise de création textile utilisant des rouleaux de carton autour desquels étaient enroulés les coupons, fait suite à l'exposition des modèles de Jean-Louis Avril à l'Ideal Home Exhibition à Londres en 1966. La société décide de produire quatre de ces modèles commercialisés sous le nom de *Bonga* : la chaise, le tabouret vendu aussi comme table d'appoint, un élément de rangement empilable et la table de chevet proposée également comme bar. Les éléments prédécoupés leur sont envoyés, mis en volume et assemblés sur place. En 1967, Jean-Louis Avril et son épouse arrivent à Londres pour célébrer le lancement de sa collection *Bonga* et *Tomotom*, de Bernard Holdaway, dont l'assise et les plateaux sont en bois.

the directors of Hull Traders Limited
request the pleasure of your company to view
Bonga a range of fibreboard furniture
designed by Jean-Louis Avril Architecte DPLG
new Tomotom pieces designed by Bernard Holdaway
and more new colourways for Time Present Fabrics
at their showroom 7 Sedley Place Woodstock Street W1
on Monday September 18 Buffet and Champagne
11 am to 3 pm
RSVP

Carton d'invitation Hull Traders Limited.

En bas, sélection d'assises, vers 1968.

La commercialisation est assurée par son beau-père tandis que Jean Munier se charge de la distribution. Marty-L.A.C. édite des documents publicitaires soignés, graphiques et détaillés. Dès 1969, le catalogue propose les modèles en version brute ou laquée. En 1970, un supplément est appliqué pour la garniture des fonds par profilé plastique. Le catalogue de 1972 est confié à une agence de communication extérieure et inclut des informations détaillées[12]. Celui de juillet 1973 confirme l'extension de la collection.

Le bureau de Paris se trouve alors au 66, rue des Grands-Champs, Paris 20e. Le tarif est détaillé et insiste sur les différentes typologies de meubles créés et diffusés. Le plus grand succès commercial est sans doute le pouf, la chaise, les colonnes de rangement et les tables de nuit. La demande est importante, et Jean-Louis Avril élargit sa gamme de meubles entre 1969 et 1972. Il ajoute au fur et à mesure des éléments — le pouf carré, le bureau adulte et enfant —, agrandit les chevets, crée des bibliothèques de hauteurs variables et complète l'offre avec la banquette-lit, le bar, le coffre à jouets, la table *Galaxie*.

Dans le même temps, il conçoit également quelques modèles sur mesure. « Andrée Putman m'avait demandé de réaliser une table de nuit pour chaque côté de son lit Thonet, qui était assez haut. Ensuite ces tables ont été transformées en bar avec un espace pour les verres et les bouteilles. » Elle s'intéresse à ses créations en tant que directrice artistique des magasins Prisunic et lui passe commande de cinq cents cintres en carton dans deux formats, adulte et enfant, en collaboration avec son ami

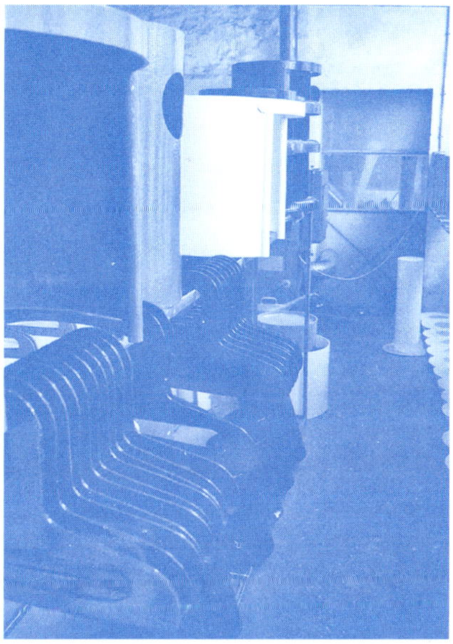

Vue de la chaîne de production à l'usine de Nangis, 1968.

peintre Pancino[13]. « Nous les avons dessinés, ils n'étaient pas à vendre mais à utiliser comme matériel professionnel dans les magasins. » De nombreuses personnalités acquièrent des réalisations de Jean-Louis Avril : Pierre Lattès, beau-frère de Laurent Sully Jaulmes, Jacques Labro, architecte d'Avoriaz, Helmut Newton, Delphine Seyrig, Alice Morgaine, Biagio Pancino, Gilles de Bure, Daniel Humair.

Jean-Louis Avril étudie un projet de berceau en collaboration avec la marque Prénatal. Sur le point de conclure le contrat pour plusieurs centaines de lits de bébé, son beau-père recule devant le risque lié à la nécessité d'en modifier la structure. Un seul de ces lits sera réalisé pour un client particulier, M. Boursault. D'autres modèles ne seront produits qu'en un exemplaire, comme la grande étagère à trois couleurs, avec des variations colorées (jaune, marron, blanc), ou un fauteuil garni de textile.

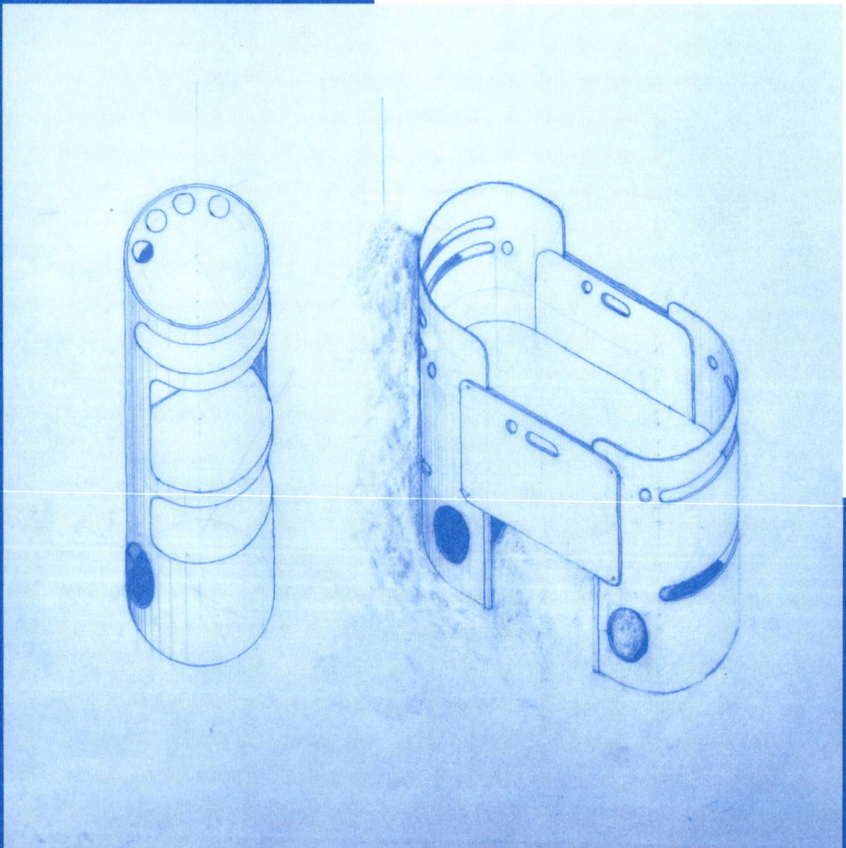

Dessins préparatoires pour un berceau.

À droite, berceau, pièce unique dans l'usine de Nangis, 1968.

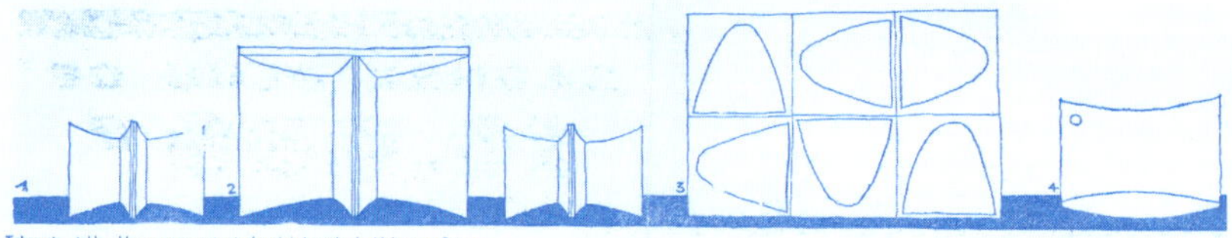

Tabourets, table, blocs rangement et cheval à bascule de Moltzer et Barray.

LES MEUBLES EN CARTON

Ci-dessus : Souples, légères, colorées les créations de Moltzer et Barray se prêtent à toutes les combinaisons et à toutes les fantaisies.

Des boutiques engagées

Très vite, les collections de meubles en carton sont vendues dans plusieurs magasins de décoration.
Ces nouvelles boutiques donnent carte blanche à de jeunes designers et sont prescriptrices de tendances. Parmi les plus marquantes à Paris, la première, Puzzle, près de la place des Victoires, puis M.O.U., 4, rue Frédéric-Sauton, montée par un ami de Roland Castro fasciné par les montres molles de Salvador Dalí, enfin, Les Loges de l'Odéon, 10, rue Casimir-Delavigne, qui publie en 1971 un catalogue manifeste, « Objets de série, prix de série ». Le magasin vend différents créateurs : Avril, Claude, Limousin (qui faisait également des meubles en carton), Schalit, Schneegans, Planchenault, Levasseur. « Avec mon mobilier de série, j'étais guidé par une pensée généreuse et naïve du design populaire[14]. » Janine Antoine présente également ses créations dans le magasin Art de vivre contemporain, 12, rue Santeuil. D'autres enseignes diffusent la collection, Munier, Essel, Roche Bobois, Mobilier de France, Tilma, les Galeries Lafayette, Celloline, et de nombreuses boutiques en province — Marseille, Strasbourg, Lille, Bordeaux, Lyon — telles que Jancyr (place du Lycée, Nevers) ou encore L'Échiquier (rue Saint-Jean, Lyon).

Le règne du tout-en-carton

Nous avons parlé, la semaine dernière, dans notre rubrique féminine, des meubles en carton. A notre étonnement, nous avons été submergés de coups de téléphone de personnes voulant en savoir plus sur ce matériau nouveau. C'est pourquoi nous avons, cette semaine, flâné dans Paris à la recherche de ses multiples utilisations.

Le bidon c'est pas du bidon...

Il a fallu la rencontre d'un architecte et d'un bidon pour donner à la France ses premiers meubles en carton. Jean-Louis Avril est ce jeune architecte : nous avons parlé chez lui, assis sur des chaises en carton, accoudés à une table de carton et je peux garantir que, ni les unes, ni l'autre ne fléchissaient sous le poids...

« *En réalité, il s'agit d'un carton très particulier : le celloderme,* m'explique Jean-Louis Avril. *Il est très épais et très résistant : son épaisseur (3 mm) s'obtient à la fabrication, par addition de pâte à papier, et non par contre-collage de plusieurs feuilles. Le celloderme, lorsqu'on le tord, travaille dans sa masse, ce qui explique sa solidité.* »

Mais comment en est-il venu à créer des meubles dans cette matière qui est plutôt un symbole de fragilité ?

« *Il y a trois ans, je visitais une fabrique de papier et je suis tombé en arrêt devant des bidons en carton. Si on en faisait des bidons, pourquoi pas des meubles ?* »

Le résultat est convaincant : chaises, table, fauteuils, colonnes de rangement, lit même, de formes souples et arrondies, sont tous découpés à plat dans une feuille de carton qu'il suffit d'enrouler, puis d'agrafer. La table, surtout, est remarquable : une série de deux cylindres qui s'emboîtent pour le piètement (la base amovible permet d'obtenir une table basse), une double feuille soutenue par une série de petits cylindres pour le plateau.

Aussi solide que le bois

A noter aussi les évidements ovales qui permettent un beau volume de rangement à la base des chaises, le haut dossier souple du fauteuil...

« *Nous n'en sommes encore qu'à un stade artisanal de fabrication,* explique encore Jean-Louis Avril, *ce qui fait que ces meubles, que je voulais très bon marché, restent chers. Il y a trois prix publics, selon que le meuble est en carton brut, vernis ou laqué. Ainsi, pour la table : elle vaut 180 F nue ; environ 220 F vernie et environ 280 F laquée. Une chaise en carton brut vaut autour de 55 F* (1).

Quand je dis que c'est cher, tout est relatif : après tout, on a là un mobilier moderne de forme et aussi solide que celui en bois. Je reviens sur cet aspect : je vais faire toute une série de prototypes pour un mobilier d'enfants. Rien de plus souple et de plus résistant pour des gosses : on peut toujours essayer de déchirer le carton ; même un adulte n'y arriverait pas... »

Jean-Louis Avril a d'autres projets : d'abord, il est en train de réaliser un décor en carton pour l'émission TV de variétés « Bouton Rouge ». Mais surtout, il veut construire des bungalows. En carton ?

« *En carton, et ça résistera aux intempéries...* »

Faut le faire et faut y croire, mais pourquoi pas ?

Raymond PRADINES.

(1) En vente chez « Puzzle ».

Jean-Louis Avril, assis sur la première chaise en carton, devant la première table en carton...

DECORATION

UNE MINE DE PAPIERS MACHÉS

LES murs, les ampoules électriques et la moquette exceptés, c'est une véritable maison de papier. De papier et de carton sous toutes leurs formes connues : sacs, assiettes et gobelets, robes, chapeaux, papiers d'ameublement etc., ou moins habituelles : coussins, dessus de lit, table, chaises, fauteuils, lits, draps...

Nouvellement installée place des Victoires, « **Puzzle** » mérite bien son nom : certains meubles ou éléments, proposés « à plat », doivent en effet être « montés » en suivant les repaires et encoches.

Le mérite principal de « Puzzle » et de sa directrice, **Mme Willar**, c'est toutefois d'avoir réuni une pléiade de jeunes talents qui, en exclusivité pour la boutique, créent des modèles souvent éblouissants.

En tête, il faut citer **Yvan et Annie Chazottes.** Ce jeune couple, à lui tout seul, suffirait déjà à justifier l'entreprise de Mme Willar. Leurs papiers peints (édités aux Etats-Unis), tendres, naïfs ou d'inspiration géométrique, témoignent de leur imagination. Tous lavables, ils valent 150 francs le rouleau de 25 mètres sur 65 cm. de large. Ils proposent également du papier à lettre et des enveloppes ou bien des cartes de vœux décorées de façon charmante. Ou encore de lar-

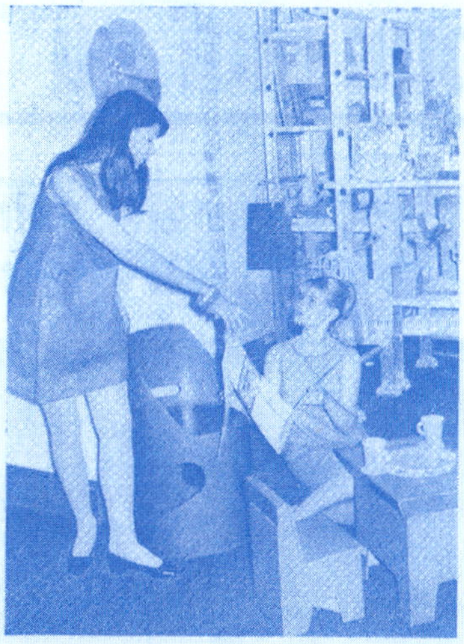

PUZZLE
Un royaume en papier

appliques et les suspensions sont l'œuvre de **Henri Minost.** En carton argenté, rose indien ou bleu, elles se montent comme un puzzle, de même que les éléments de bi-

juge par les exercices que nous leur avons fait subir. Toutefois, les fauteuils les plus confortables sont indiscutablement ceux de **David Barlett.** En forme de conque,

et jaune par exemple (66 F le grand lit), des draps jaunes, roses ou bleus (10 F la paire et 4,80 F les trois taies d'oreiller) qui « tiennent » une semaine et des robes et chapeaux assortis créés par **Jean-Pierre Alain** (16 F la robe, 13 F le chapeau) que l'on agrémente de bijoux en papier mâché ou en carton multicolore.

Si cette mode se généralise, les forêts du grand Nord vont subir un rude assaut.

PUZZLE, 4, rue Vide-Gousset (place des Victoires) (2e) CEN. 04-95. Ouvert tous les jours de 10 h. à 22 h.

Lecteur - Service

— Comment vous dire assez ma vive reconnaissance? En indiquant pour tout le monde les galons, broderies, bijouteries, vous m'avez répondu, et j'ai trouvé l'encolure ravissante, qui transforme une robe simple, noire ou blanche, en robe habillée.

Peut-être en parlant pour tous des environs de Paris, voudrez-vous bien indiquer le bon restaurant près d'Illiers. Car, quoique modeste couturière, je lis Proust et je rêve de retrouver à Combray les chers souvenirs de ses livres. Pour compléter l'agrément d'une journée consacrée au passé, où s'arrêter, où trouver la pâture du corps après

À gauche, mobilier en carton de Jean-Paul Barray et Kim Moltzer.

À droite, coupures de presse illustrant l'engouement autour du carton.

Expositions, reconnaissance institutionnelle

En France, une association professionnelle, le Groupement français des fabricants de papier, organise en 1967 une présentation amusante intitulée « Hilton-papier-Paris », dans l'hôtel Hilton à Paris. Quinze chambres sont décorées sous la direction artistique de Katherine Margaritis et Bob Elia, qui font la démonstration qu'il est possible de vivre dans un univers tout en papier. « Les meubles en carton sont, nous l'avons dit, solides et pas chers. Leur ligne est très moderne. Certains sont amusants et merveilleux pour les chambres d'enfant. Ce sont de parfaits meubles d'appoint. Leur bas prix les rend intéressants pour un jeune ménage qui s'équipe. Du provisoire ? Peut-être, mais du provisoire qui dure. C'est ce que veut faire Jean-Louis Avril, le créateur des sièges, des poufs de rangement et du lit en carton dur vernis, édités par M.O.U. Les meubles en carton se vendent bruts ou vernis. Si on ne les a pas encore vernis, il faut le faire afin qu'ils n'absorbent pas la laque[15]. »

Le pavillon français à l'Exposition universelle de Montréal en 1967 se voit équipé de nombreuses chaises en carton celloderme en version brute. Jean-Louis Avril se retrouve aux côtés d'Olivier Mourgue, lui aussi sélectionné pour cette occasion. Repéré à l'international, Jean-Louis Avril participe à l'exposition « Made With Paper » au Museum of Contemporary Crafts à New York (29 West, 53rd Street, NYC),

Chaises haut dossier, 1967.

du 18 novembre au 7 janvier 1968. Organisée par Paul J. Smith, directeur du musée, elle est centrée sur l'usage du papier dans l'histoire, depuis l'époque primitive jusqu'à la période contemporaine. Parmi les designers de mobilier sélectionnés figurent Bernard Holdaway, Jean-Louis Avril, Enzo Mari, Riki Watanabe, David Bartlett et Peter Murdoch.

Une exposition aux Floralies de Paris se tient en mai 1968. Dans une maison individuelle, sont proposés dans une chambre d'enfant un fauteuil et un bureau de Jean-Louis Avril. Un jeune visiteur s'extasie : « Cette chambre est chouette, les meubles ne risquent rien[16] ! »

L'exposition « Les Assises du siège contemporain » (3 mai–29 juillet 1968), qui se tient au musée des Arts décoratifs à Paris, est un événement dans l'histoire du meuble. François Mathey, assisté de Yolande Amic, offre un état des lieux de la situation internationale du siège contemporain. Trois cents sièges sont sélectionnés sur une décennie. Le texte d'introduction de Yolande Amic traduit les difficultés du secteur industriel en France mais insiste sur la prédominance des idées novatrices des créateurs français, souvent reprises ailleurs. Elle salue le design de Jean-Louis Avril pour ses produits en carton. « En France, Avril, le premier, arrive à une qualité de forme et de matière qui surclasse ses concurrents étrangers. » Cinq modèles d'assises sont exposés et reproduits dans le catalogue (n° 22-24).

La même année, la section française de la XIVe Triennale de Milan, prévue du 23 juin 1968 au 28 juillet 1968, est organisée par François Mathey, commissaire général, assisté

***Made With Paper*, catalogue de la première exposition sur le mobilier en carton, 1967, Museum of Contemporary Art Crafts, New York.**

***Les Assises du siège contemporain*, catalogue de l'exposition où figure un ensemble de 5 meubles de Jean-Louis Avril, 1968.**

de Jean Coural et Serge Gauthier. L'exposition propose une réflexion sur le « grand nombre[17] ». Dans la section française, sont présentés des produits de série, parmi lesquels des meubles en celloderme de Jean-Louis Avril, une colonne et un pouf accrochés au mur, des produits de Roger Tallon, Lionel Morgaine, Alain Carré et Christian Ragot. Au centre de l'espace d'exposition se trouve une œuvre monumentale de César, une expansion bicolore en polyuréthane de 16 mètres de long. La section graphique comporte un environnement de Jean-Michel Folon, des créations d'Henri Bouilhet, des œuvres en sérigraphie d'Alain Jacquet. Pour la mode sont représentés Paco Rabanne et Schreiber-Hollington. Cette édition est mieux connue sous le nom de « Triennale qui n'a duré qu'un jour » : en effet, des étudiants ont occupé l'exposition dès son inauguration, et à cause des dommages occasionnés, celle-là a dû fermer.

La production des meubles Marty-L.A.C. cesse en 1973, en raison de la crise économique qui se dessine.

La situation inquiète M. Marty. Mais la reconnaissance historique se poursuit. Jean-Claude Maugirard présente dans son exposition « Rangements », organisée par le CCI (Centre de création industrielle) en 1974, une tour-bibliothèque à ouverture simple ou hélicoïdale[18]. Au même moment, Maurice Besset, conservateur au musée de Grenoble, présente l'exposition « S'asseoir », où il montre les meubles pour enfant de Jean-Louis Avril, ainsi que le siège pour enfant de Peter Murdoch (1966) et des créations de Jaakko Halko & Ellen Raacke. Les créations d'Avril sont régulièrement présentées dans les rétrospectives consacrées à la création française. Les expositions sur le design du musée

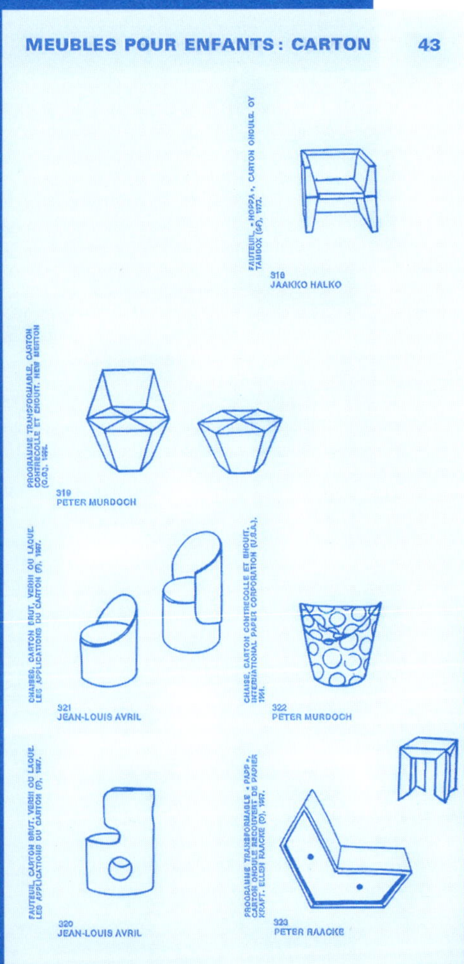

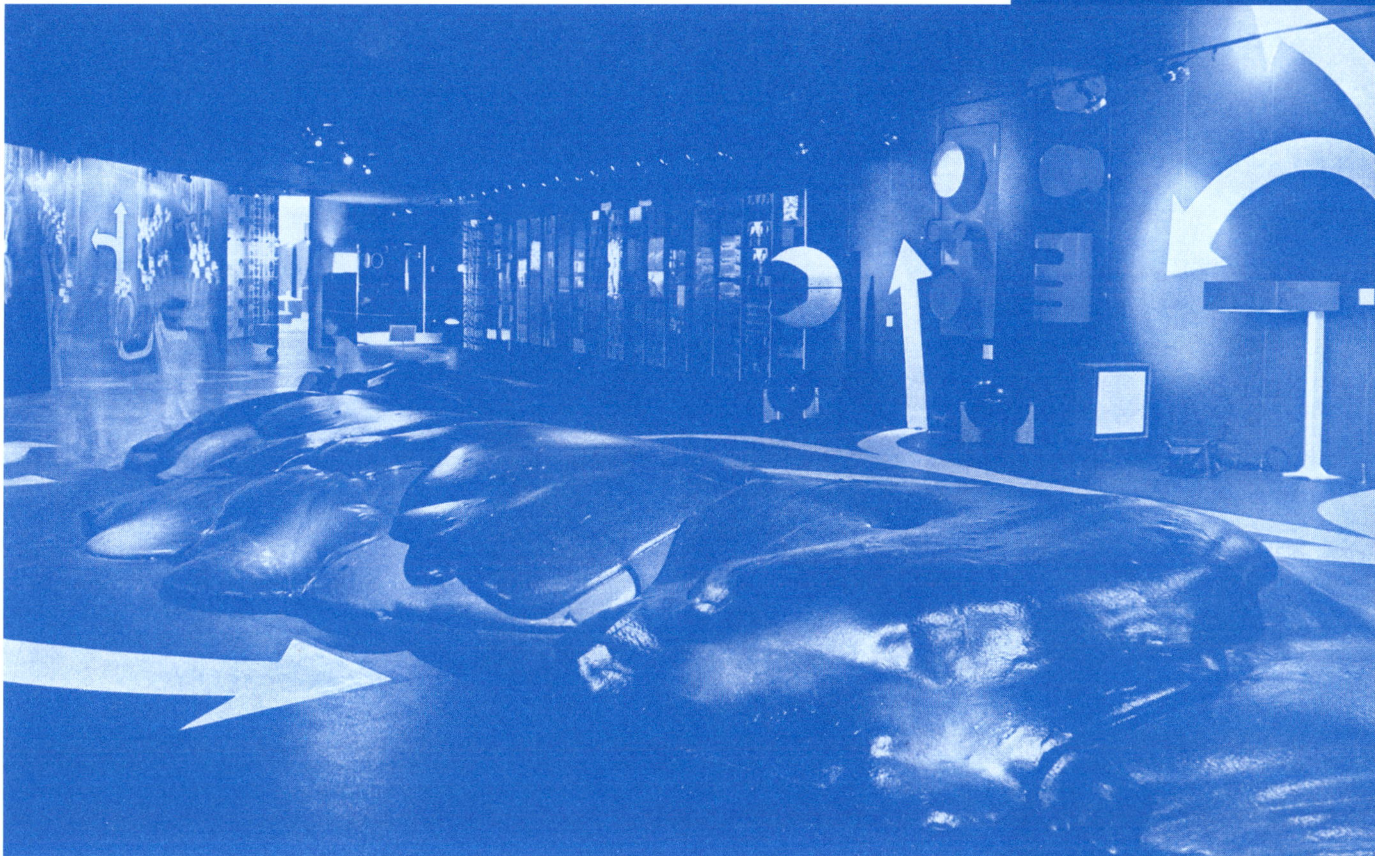

À gauche, meubles pour enfants, exposition « S'asseoir », musée de Grenoble, 1974.

À droite, vue du stand de la France à la XIVe Triennale de Milan, dans un décor de Jean-Michel Folon, 1968. Les meubles de Jean-Louis Avril sont fixés aux murs avec les enceintes d'Alain Carré et l'expansion monumentale de César au premier plan.

Chaises et table haute, exposition « Moby boom, l'explosion du design en France, 1945–1975 », Paris, MAD.

de Saint-Étienne (1985), de Bordeaux (1988) et du musée des Arts décoratifs à Paris, « Mobi boom, l'explosion du design en France, 1945–1975 » (2010), attestent la modernité de ses modèles. L'essentialisme de ses formes évoque les meubles rationnels de Joe Colombo, le *Boby* (1969) ou le fauteuil *Tubo* (1969), et encore plus explicitement le système modulaire cylindrique *Componibili* d'Anna Castelli Ferrieri (1969), édité par Kartell en ABS. La rigueur du dessin résulte de l'exigence fonctionnelle, une qualité essentielle dans cette époque plutôt liée à la production de petit mobilier.

Les meubles en celloderme de l'architecte font partie des collections du musée des Arts décoratifs, du musée d'Art moderne (CCI)[19], du musée de Saint-Quentin-en-Yvelines et du Museum of Contemporary Crafts (NY).

La situation n'est pas simple pour les designers français, constate les journalistes. « Les produits italiens déferlent. La France contre-attaque et perd des batailles malgré les efforts du SAD, la création du CREAC, du grand prix national du meuble, du CNAC, de l'atelier de création du Mobilier national, les préparatifs du CCI et quelques tentatives industrielles[20]. » Jean-Louis Avril exprime sa désillusion et regrette que le renouveau des matériaux n'ait pas eu lieu : « Il est scandaleux que les matériaux nouveaux et révolutionnaires soient réservés aux avions de guerre et que les architectes doivent se contenter du carton…[21] »

Quelques années plus tard, le carton sera célébré et médiatisé grâce à la collection de meubles *Little Beaver* de Frank Gehry (1980) et aux habitats d'urgence imaginés par l'architecte Shigeru Ban (1989), réalisés à partir de matériaux recyclés en carton. Il est intéressant de constater que Jean-Louis Avril, avec l'utilisation du celloderme, a ouvert la voie à toute une nouvelle génération de créateurs en proposant un matériau recyclable, précédant en cela les recherches menées depuis avec des matériaux comme le verre, les plastiques et le métal. Sa démarche pourrait aussi être rapprochée de celle des frères Humberto et Fernando Campana, qui proposent le siège Favela en 1993, à partir des déchets de bois récupérés dans les favelas.

À droite, colonne à 4 coupelles grand diamètre pré-série 1966, faisant partie de l'exposition « Made With Paper », 1967.

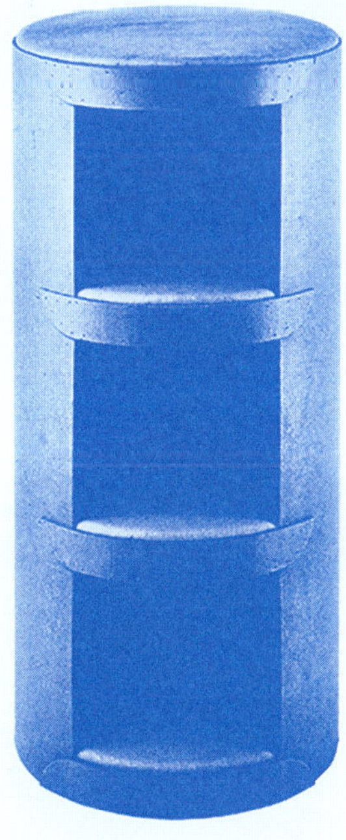

Architecture intérieure

Plus confidentielle est son activité d'architecte d'intérieur. Il a cependant l'occasion de se distinguer à la faveur de la rencontre avec Andrée Putman, une figure incontournable de la société parisienne. Ils vont collaborer sur une aventure tout à fait particulière et originale. À sa demande, il imagine une utilisation nouvelle de ses meubles en carton pour une boutique de vêtements, rue Portalet à Saint-Tropez, qui ouvre à l'été 1967. La presse remarque cette réalisation, où les meubles colorés en carton forment étagères et lumières. « C'est une boutique dont la décoration restera un événement. Jamais les couleurs n'ont autant donné cette impression joyeuse de lanterne magique. L'air lui-même y est éclatant, solaire, sucré, bronzant. La créatrice Andrée Putman, bravo ! Bravo pour ce papier peint plein d'esprit (William Morris). Bravo pour ces meubles en carton laqué (JLA) qui savent offrir leurs trésors. » Dans un article de la revue *Réalités*, Andrée Putman témoigne de sa déception : « Aujourd'hui où tout va bien plus vite, le danger serait plutôt de

À gauche. Boutique de Saint-Tropez agencée par Jean-Louis Avril sous la direction artistique d'Andrée Putman, 1967.

À droite. Scène finale dans le film de Jean-Pierre Melville, *Le Samouraï*, 1967.

confondre le style qui durera avec des toquades éphémères : le bariolage hippie par exemple. Les stylistes, eux, qui voient plus loin, doivent presque toujours se battre. L'an dernier, j'ai bien failli essuyer un échec. Devant la montée du papier, je me demandais ce que l'on pouvait en tirer. Jusqu'au jour où j'ai vu le premier prototype du fauteuil en carton de JLA. Ballon d'essai à Saint-Tropez. Un flop. Puis Holdaway à Londres lance la même idée, et là-bas c'est le succès. Du coup, les revues françaises redécouvrent notre propre fauteuil. Aujourd'hui il est adopté. Snobisme ? Oui au départ. Il faut garder l'œil ouvert sur ce qu'inventent les artistes, décorateurs, esthéticiens[22]. »

Au début des années 1970, la famille déménage dans la tour Mexico, dans le quartier des Olympiades, au 26e étage puis au 20e. « Nous avons toujours apprécié d'habiter en hauteur, depuis la tour Albert à la tour Mexico, notre plaisir est d'avoir une vue dégagée à l'horizon. » Il aime l'architecture verticale. Antoine, leur second fils, y naît en 1973. Jean-Louis Avril apprécie la modernité de cette architecture, ayant participé au projet avec l'équipe d'urbanistes du 13e arrondissement.

Plusieurs chantiers vont jalonner son parcours — sa propre maison à Saligny, plusieurs aménagements d'appartements dont deux pour le photographe Laurent Sully Jaulmes. Ce dernier, passionné de céramique, l'initie à l'histoire de cette discipline et l'engage à collectionner. Il le présente également aux galeristes Yves Plantin et Alain Blondel, pour lesquels il réalise des socles en 1968, pour une exposition de Pancino.

La légèreté et la modernité de son mobilier s'invitent dans le 7e art. Un ensemble de chaises blanches aux assises noires ponctue le décor du film *Le Samouraï* de Jean-Pierre Melville

(1967–1968), des tabourets noirs sont également présents dans *La Prisonnière* d'Henri-Georges Clouzot (1968). Au théâtre, dans le décor d'Agostino Pace, le siège joue son rôle dans *Black Comedy*, avec Jean-Pierre Cassel au théâtre Montparnasse-Gaston Baty (1967). Le peintre Peter Foldès, fondateur du Mouvart (Monique Renault, Foldès, Borowczyk, Kamler, Kuri, Murakami, Lapoujade et Wolf), est photographié sur une chaise blanche de Jean-Louis Avril[23].

L'enseignement

« Je me suis beaucoup éduqué en éduquant. » Jean-Louis Avril partage son temps entre l'enseignement et son activité de designer. Il est nommé enseignant à l'atelier Albert en janvier 1967, et au Grand Palais (1967–1968), puis est muté à UP6, qui deviendra l'École d'architecture de Paris-La Villette. À partir de 1984, il enseigne dans le cadre du certificat d'histoire de l'architecture avec Pierre Joly et Philippe Sers. Son programme d'enseignement porte sur « La modernité architecturale en France dans les années 1920–1940 ». Son activité d'enseignant s'achève en 2000.

En parallèle, il développe une recherche historico-théorique et publie de nombreux articles. En 1987, il est commissaire scientifique et auteur de deux articles pour l'exposition « De Ledoux à Le Corbusier. Origine de l'architecture moderne », organisée par la Fondation Claude-Nicolas Ledoux. Dans l'*Encyclopædia Universalis*, il écrit sur « Rationaliste (architecture) » en 1990. Ami de Dominique Boudet, rédacteur en chef de la revue *AMC*, il y publie plusieurs articles et, dans *Le Moniteur* en avril 1992, « Un rationalisme fécond », à propos de l'exposition Louis Kahn à Beaubourg.

Il obtient un contrat de recherche avec le CORDA en 1976, qui porte sur les « Système et éléments de l'architecture moderne », puis en 1979, un second contrat développant la « Formation de la modernité, XVIIIe–XIXe siècle », rapport rendu en février 1986.

Jean-Louis Avril s'engage également dans la réforme de l'enseignement aux Beaux-Arts et participe à la section parisienne des syndicats de professeurs d'architecture, dont il devient le secrétaire. Après l'éclatement du syndicat à cause de la redéfinition des UP (unités pédagogiques), il lutte pour la défense du statut des professeurs, et les salaires, et se mobilise dans un combat pour la titularisation, qui advient en 1991.

Programme du théâtre L'Avant-scène, 15 février 1968.

Autres modèles

Après la création de ses meubles en celloderme, Jean-Louis Avril poursuit avec des projets de meubles en bois pour la propriété de Saligny. Il les conçoit sous une forme très architecturée, en suivant le principe de l'orthogonalité, et utilise le multipli (contreplaqué) d'okoumé. Il dessine une table de salle à manger, une table de nuit, une table basse, une table roulante basse, des étagères et un prototype de chaise. Le processus de création s'inscrit dans la continuité de sa démarche avec le carton, par l'emploi des planches disponibles de 10 centimètres (la cote minimale). À partir de cette unité de base, il conçoit ses projets en combinant les éléments.

Fauteuil *Orthogon*, vers 2000.

Dans les années 2000, il oriente sa création vers le mobilier en métal. « Mes maîtres sont Mies van der Rohe, Rietveld, Donald Judd. » Il crée une collection réalisée par un serrurier. Ses dessins associent des formes combinables rectangulaires de deux formats, 80/50 centimètres ou 50/30 centimètres. « J'ai fait le choix du gris, une non-couleur, une couleur technique (antirouille). Ma recherche est guidée par la simplicité, j'aime les combinaisons minimales. » Cette collection en volume, intitulée Orthogon, est d'une grande résistance et d'une grande élégance. La table basse en tôle pliée (2001) est une combinaison orthogonale de trois demi-carrés, pliés et boulonnés, peints de trois non-couleurs ; la structure est dominée par un plateau en verre qui est un cercle parfait. Ce modèle aujourd'hui, avec la lampe *Lune* (1968), est également réédité par Lignes de démarcation, édition Serge Mouille, en version contemporaine en aluminium.

Qu'il soit de carton, de bois ou de métal, le mobilier de Jean-Louis Avril relève d'une pensée d'ingénieur, basée sur l'économie et la fonction, qui s'inscrit dans la tradition du mouvement moderne. Sa création, opposée au fatras d'objets inutiles commercialisés à l'époque, pose les bases d'une redéfinition du design constitué d'éléments anonymes, aux formes compactes, des équipements adaptés à une production de masse, personnalisables et à des prix abordables. Il innove en défendant un design du recyclage et contribue définitivement à la discipline du design du mobilier français.

La fonction est première dans chacune de ses créations. Il utilise chaque industrie ou matériau pour en extraire l'essentiel à une époque de forte production de petits mobiliers et d'objets pour la maison. Son design répond à une période de compétition pour le créateur français, qui fait face aux éditeurs internationaux avec des moyens industriels et de diffusion importants. Mais Jean-Louis Avril innove et se démarque en défendant un design du recyclage. Son mobilier « container » a déjà parcouru presque un demi-siècle et est reconnaissable par tous les amateurs de design tant par sa forme que par ses couleurs, rendant iconiques ces créations des années 1960–1970. Sa trajectoire et son travail uniques contribuent définitivement à la discipline du design du mobilier français et influencent encore tous les designers contemporains à la recherche de sens et d'esthétique pure.

Table basse *Orthogon*, 2001.
Tôle pliée et boulonnée.

1 Maquette de la maison chez Jean-Louis Avril.
2 Signé « Jean-Louis Avril, rue Croulebarbe, Paris ».
3 *Libération*, mardi 4 octobre 1994.
4 Interview de Jean-Louis Avril avec Anne Bony, le 15 mars 2021.
5 *Elle*, n°1112, 13 avril 1967.
6 *L'Immobilier*, 15–29 juin 1967.
7 *Paris-presse*, 6 juin 1967.
8 *Pénéla et sa maison*, n°59, octobre 1972, p. 47.
9 Raymond Pradines, *L'Humanité*, 23 février 1968.
10 Jacqueline Dana, *Arts ménagers*, n°52, mars 1972.
11 Hull Traders Limited, 7 Sedley Place, Woodstock Street, London W1.
12 Marty-L.A.C. Meubles contemporains en celloderme laqué, bureau de Paris, 3, rue des Docteurs-Déjerine, Paris 20e ; en charge de la commercialisation, Roselyne Gilbert.
13 Lettre de Claude Thiriet qui confirme la commande le 3 avril 1969.
14 Interview de Jean-Louis Avril, par Anne Bony, le 12/04/2021.
15 Pamela Dieu, « Les meubles en carton, très bon marché, très solides », *La Maison de Marie-Claire*, n°15, mai 1968, p. 68.
16 *France-Soir,* 23 mai 1968.
17 *Domus*, n°466, septembre 1968 ; *L'Œil*, n°164–165, août-septembre 1968.
18 *La Maison de Marie-Claire*, n°88, juin 1974.
19 Centre Georges-Pompidou, CCI : bar, 1970, D 45,5 × H 69,6 cm, Inv. AM2014-1-64 ; siège enfant *Éléphant*, 1967, D 35,3 × H 50 cm, Inv AM 2014-1-62 ; chevet, 1970, D 35,6 × H 49,8 cm, Inv AM2014-1-63 ; pouf *Tambour*, 1967, D 42,8 × H 31 cm, Inv AM2014-1-61, dons de la galerie Utopie, 2014. Musée des Arts décoratifs, Paris : fauteuil série *Bonga*, fauteuil JLA, France, 1967, Inv 994.85.1-3 ; bureau d'enfant, 1967, fabricant Marty-L.A.C., achat en 1995, Inv 994.85.1 ; lampe de table, 1967, Inv 994.85.3.
20 Jacqueline Chaumont, *Elle*, n°1424, 2 avril 1973.
21 *L'Estampille*, janvier 1971, n°17.
22 *Réalités*, n°267, avril 1968.
23 *Le Journal de la Maison*, n°4, juin-juillet 1968, p. 45.

Encore en vacances, vous songez déjà aux tâches domestiques qui vous attendent à votre retour. Vous voudriez bien, notamment, donner un petit coup de neuf et de gaieté à votre maison. Mais comment ? A quel prix ? Nous avons trouvé un matériau (presque) magique : le papier adhésif. Grâce à lui nous avons réalisé pour vous une armoire gainée de papier fleuri et, pour vos enfants, un ensemble coin-travail (en meubles de carton brut, bon marché) que vous recouvrirez aux couleurs de votre choix. Vous verrez : c'est facile. Toutes les marques de papier adhésif (DC Fix, Vénilia, Archer Contact, Inaltéra) offrent une vaste gamme de coloris unis, imprimés, quadrillés ; ils imitent aussi bien bois et carrelages. Ils sont tous lavables et lessivables. A vous de jouer... de choisir, de transformer et d'embellir votre maison avec les idées que vous trouverez dans ces pages.

PHOTOS TOSCAS

NOS PHOTOS

Sur la page de gauche : *notre armoire tout rangement que nous vous avons rénovée (vous verrez les détails de l'opération page suivante) à l'aide d'un papier fleuri et d'un papier uni coordonné. Vous apprendrez aussi (page suivante) comment le faire vous-même... avec succès.*

Sur cette page de droite : *notre seconde réalisation : un coin travail (bureau, étagères, sièges). Ci-contre, voyez les éléments de carton brut (du vrai carton, solide et résistant, bon marché... mais bien terne !) à partir desquels nous avons décoré notre ensemble écolier. Nous avons choisi (notre photo ci-dessus) du bleu, du blanc, du rouge (toujours en papier adhésif). Mais vous aimerez peut-être d'autres couleurs, en harmonie avec vos murs et les rideaux de la chambre. Page suivante, vous apprendrez à réaliser ce gainage des meubles de carton.*

Shopping B.H.V. et Magasins Réunis : cartable en skai rouge exclusivité B.H.V. à Paris et Nouvelles Galeries en province.

Table ronde 230.
Bahut 320.

	prix ht	
sièges	**104 f**	fauteuil ⌀ 50—haut 100
	78	chaise adulte ⌀ 45—haut 80
	74	chaise recoupée ⌀ 45—haut 65
	39	chaise enfant 8 ans
	39	chaise enfant grand modèle ⌀ 35—haut 50
	19	chaise enfant petit modèle ⌀ 28—haut 40
	71	tabouret bar ⌀ 35—haut 70
	49	pouf rond ⌀ 45—haut 30
	65	pouf carré
tables	**260**	table 8 pans—long 115—larg 196—haut 75
	182	table 8 pans basse—haut 35
	125	table salon 100 x 60 x 35
	43	table enfant grand modèle N ⌀ 50—haut 50
	36	table enfant petit modèle ⌀ 42—haut 37
	195	bureau—long 109—larg 64—haut 71
	214	bureau—long 135—larg 64—haut 71
	143	bureau enfant 8 ans—long 90—larg 54—haut 53
	111	table basse NMH 30—35—40
	43	chevet ⌀ 35—haut 50—3 coupelles
	56	chevet ⌀ 35—haut 68—4 coupelles
	65	chevet ⌀ 42—haut 50—3 coupelles
	71	chevet ⌀ 42—haut 68—4 coupelles
rangements	**80**	colonne décor ⌀ 35—haut 110
	84	colonnes ⌀ 35—haut 110—6 coupelles
	78	colonnes ⌀ 35—haut 90—5 coupelles
	104	colonnes ⌀ 42—haut 110—6 coupelles
	91	colonnes ⌀ 42—haut 90—5 coupelles
	320	bahut 130 x 120 x 30
éléments bibliothèque	**49**	haut 20—long 80—profondeur 30
	55	haut 25 — —
	58	haut 30 — —
	61	haut 35 — —
	65	haut 40 — —
divers	**2,50**	cintre petit modèle
	3	cintre grand modèle
	234	banquette lit—long 185—larg 80—haut 25
	84	bar—⌀ 45—haut 80
	52	coffre à jouets—⌀ 50—haut 50
	26	lampe
	19	corbeille—⌀ 24—haut 35
	130	lampe ambiance
	110	table galaxie
	75	bar recoupé
	123	galaxie lumineuse

tarif juillet 1973
prix hors taxes franco

À gauche, mobilier en carton brut et version avec papier adhésif.
À droite, dépliant Marty-L.A.C., détaillant tous les modèles avec prix et tailles.

À gauche, dessin préparatoire de la chaise à dossier haut, vers 1966.
À droite, deux chaises à dossier haut. Collection Edouard Bernard et Flavien Gaillard.

Chaise à dossier bas. Collection Edouard Bernard.

Bureau et sa chaise à dossier bas. Collection Edouard Bernard.

À gauche, tabouret bas.
À droite, tabouret haut. Collection Edouard Bernard.

À gauche, chauffeuse basse.
À droite, chauffeuse basse. Collection Edouard Bernard.

À gauche, tabourets empilables. Collection Flavien Gaillard.
À droite, dessins préparatoires du tabouret.

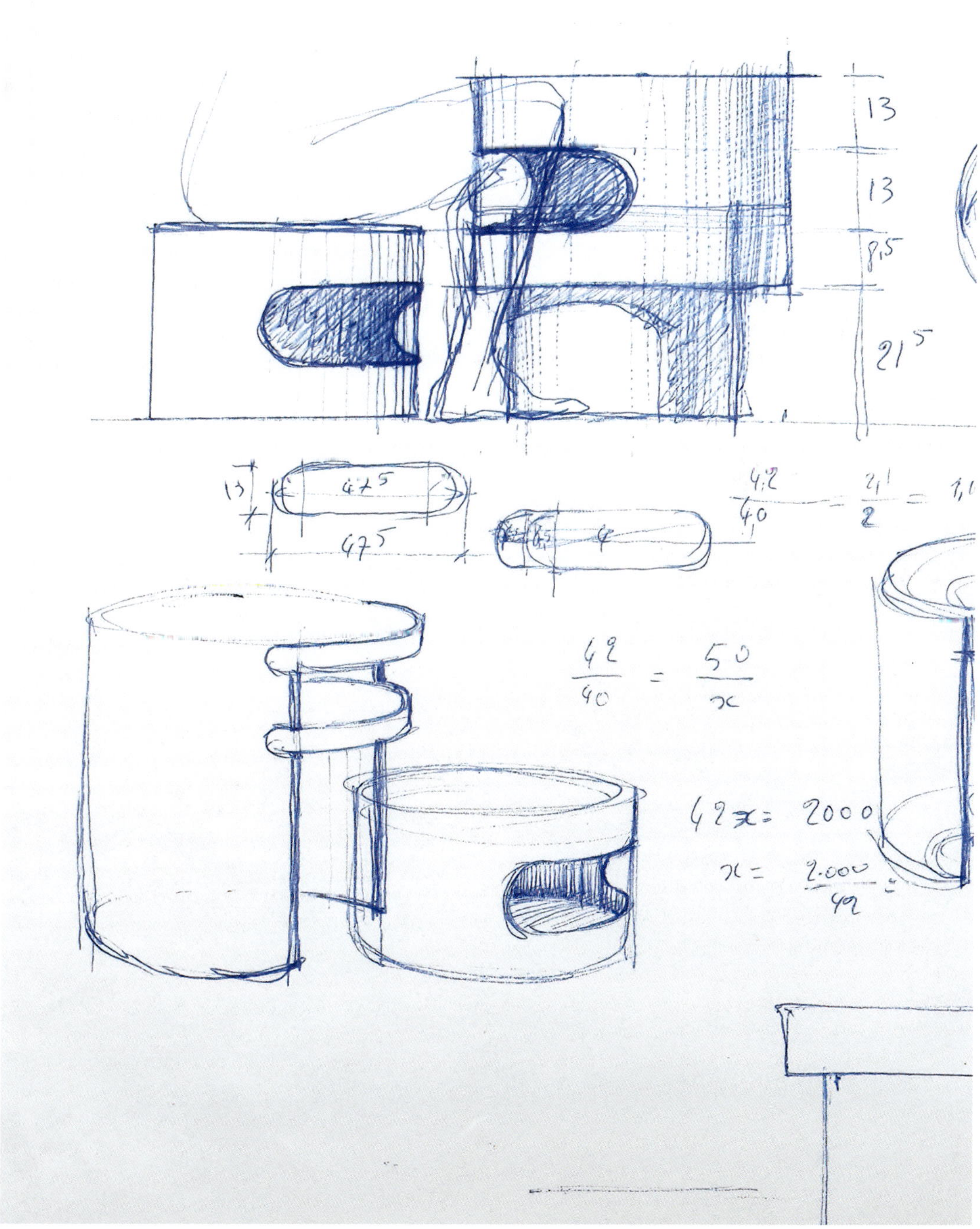

À gauche, intérieur, 1969, tabourets. *La Maison de Marie Claire*, n°27, mai 1969, p. 115.
À droite, tabourets. Collection Flavien Gaillard.

Collection de meubles
Jean-Louis Avril.

À gauche, bar. Collection Flavien Gaillard.
À droite, dépôt du modèle à la Spadem le 7 juillet 1967.

À gauche, deux versions du bar. Collection Edouard Bernard et Flavien Gaillard.
À droite, chambre d'enfant, 1967. *La Maison de Marie Claire*, n°8, octobre 1967, p. 31.

À gauche, dessins des chevets 2 et 3 coupelles, 1966–1967.
À droite, ensemble de chevets à 2, 3 et 4 coupelles. Collection Flavien Gaillard.

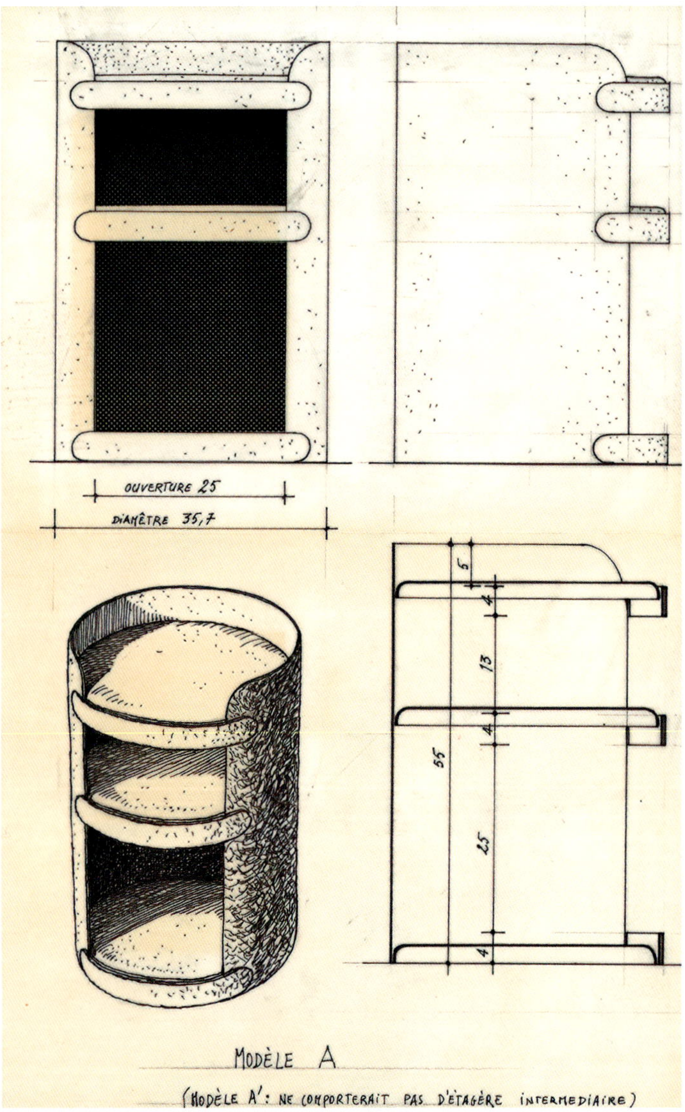

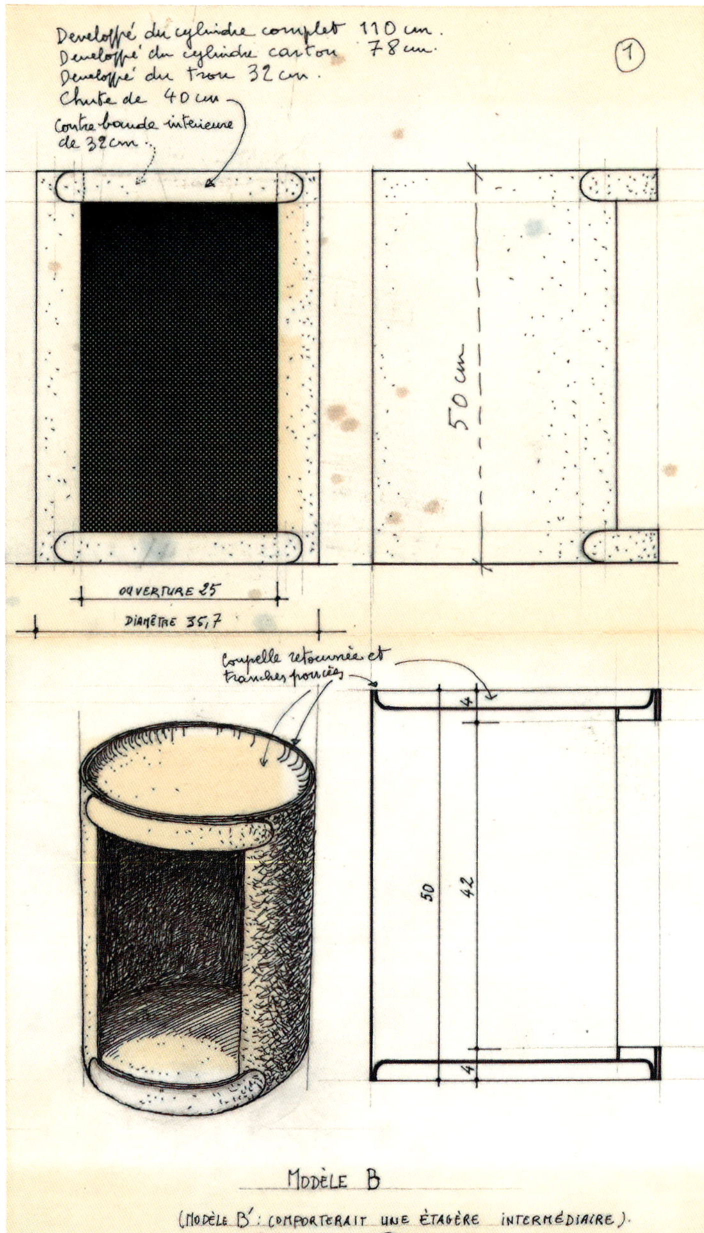

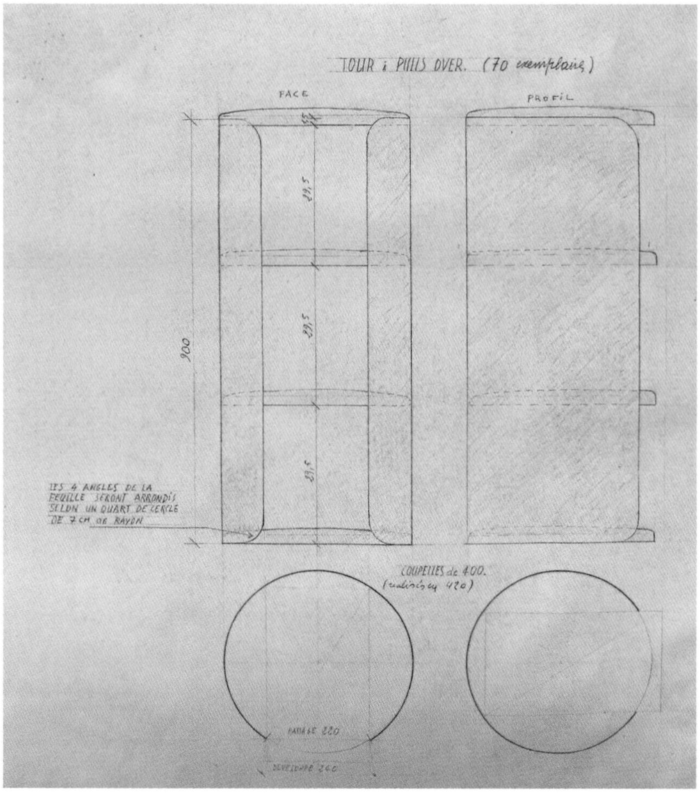

À gauche, dessin préparatoire d'une colonne à 4 coupelles, grand diamètre.
À droite, colonne à 4 coupelles grand diamètre pré-série 1966. Collection Edouard Bernard.

Boutique de Saint-Tropez.
À droite, dessin préparatoire pour les aménagements de la boutique de Saint-Tropez réalisés par Andrée Putman, 1967.

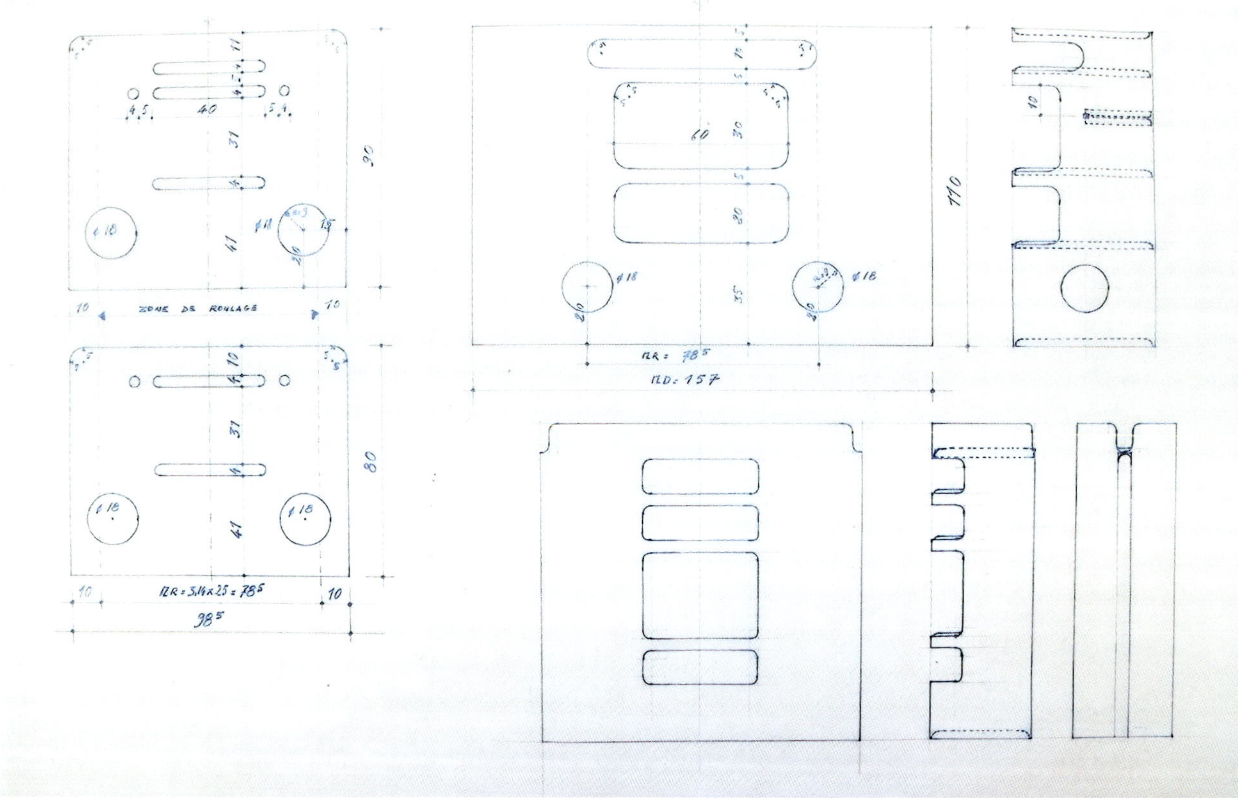
ZONE DE ROULAGE
ΠR = 3,14 x 25 = 78⁵
98⁵
ΠR = 78⁵
ΠD = 157

À gauche, dessin préparatoire pour deux colonnes de rangement, vers 1967. À droite, boutique Popard, Paris, vers 1970.

À gauche, colonne de rangement grand modèle, 1967.
À droite, colonne de rangement petit modèle, vers 1967.

À gauche, chambre d'enfant, 1970. Total look Jean-Louis Avril avec : bibliothèque modulable, bureau, chaise, lampe *Lune* et banquette-lit.
À droite, bibliothèque empilable, différentes hauteurs. Collection Flavien Gaillard.

À gauche, vue d'intérieur, 1968, présentant une étagère murale et une corbeille.
À droite, table basse.

À gauche, table basse octogonale.
À droite, version de la table basse avec adaptateur en table haute.

À gauche, table basse, version avec plateau gaufré.
À droite, table basse à 5 pieds, version avec plateau en bois. Collection Flavien Gaillard.

380 Frs : de Jean-Louis Avril
. Puzzle. Carton dur vernis.
Draps en Clenil. Grands Mag.

En haut à gauche, lit, 1968.
En bas à gauche, intérieur de Jean-Louis Avril, lit et rangements, 1968.
À droite, banquette-lit de repos, 1968. Collection Flavien Gaillard.

À gauche, lampes *Lune*, collection Edouard Bernard et Flavien Gaillard.
À droite, dessin préparatoire.

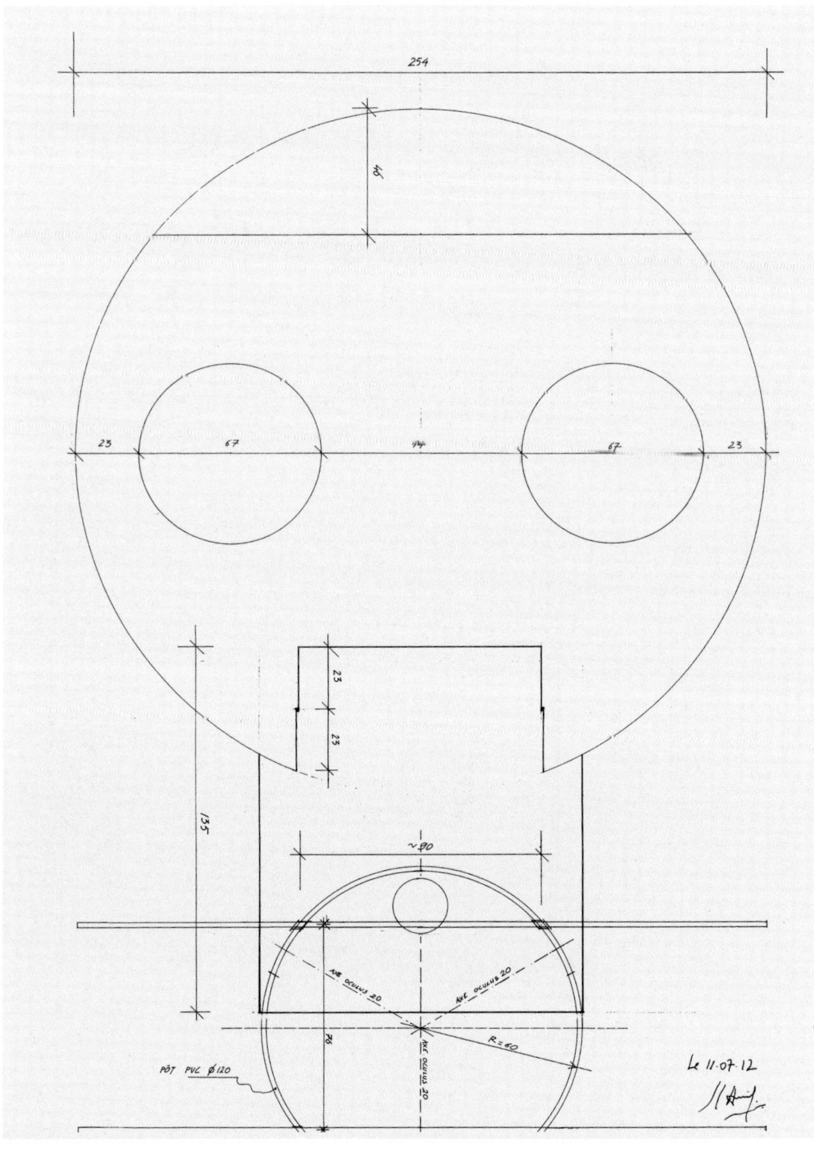

Colonnes lumineuses, plateau supérieur en opaline. Collection Flavien Gaillard.
Ci-dessous, dessins préparatoires.

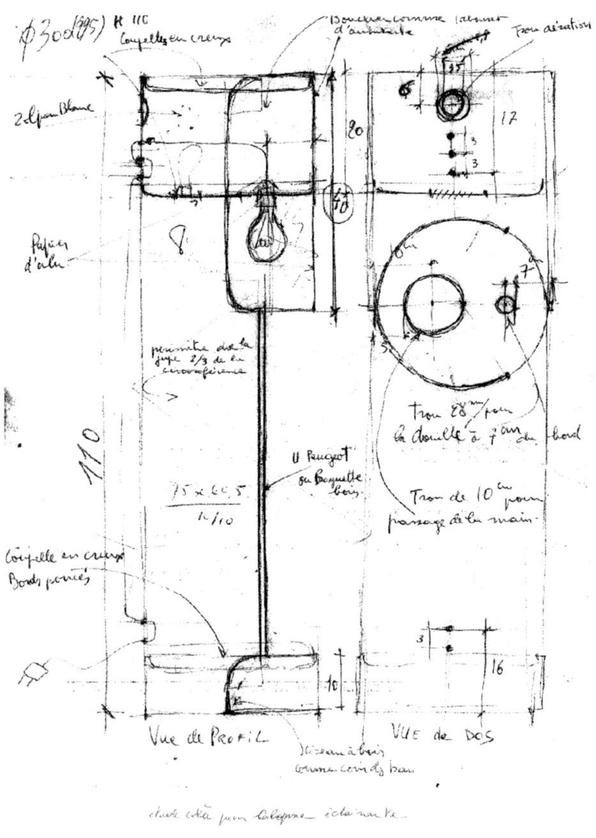

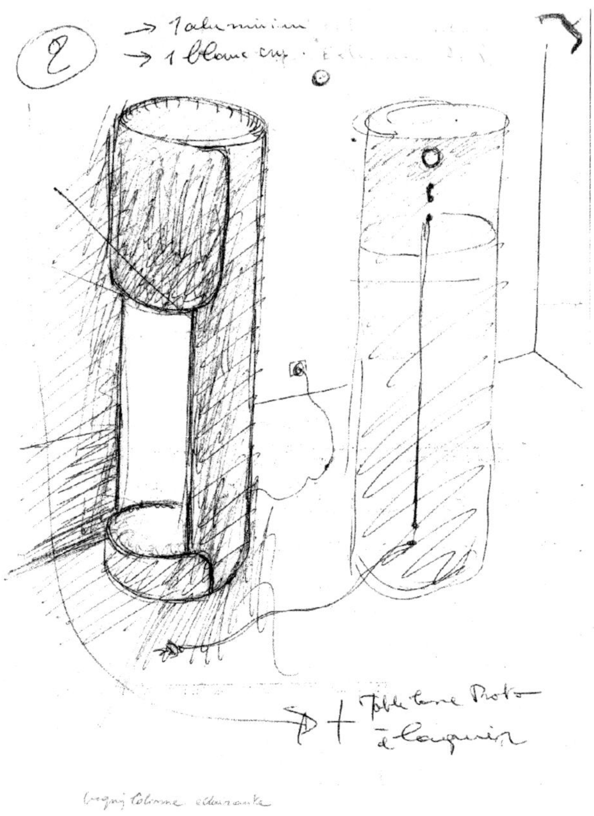

Ci-dessus, chevet lumineux *Galaxie*, plateau supérieur en opaline. Collection Flavien Gaillard.
À droite, colonne lumineuse *Galaxie* dans un intérieur parisien, vers 1969.

À gauche, coffre à jouets et chaise *Éléphant*, 1968. Collection Flavien Gaillard.
À droite, coffre à jouets, bureau et chaise pour premier âge.

À gauche, sélection de chaises pour enfants.
À droite, paire de chaises *Éléphant*. Collection Flavien Gaillard.

Bureau, chaise et corbeille pour adolescent. Collection Edouard Bernard.

Bureau et chaise d'enfant premier âge. Collection Flavien Gaillard.

À gauche, chambre d'enfant, 1968, présentant meuble bas et corbeille en carton.
À droite, meuble bas pour enfant. Collection Flavien Gaillard.

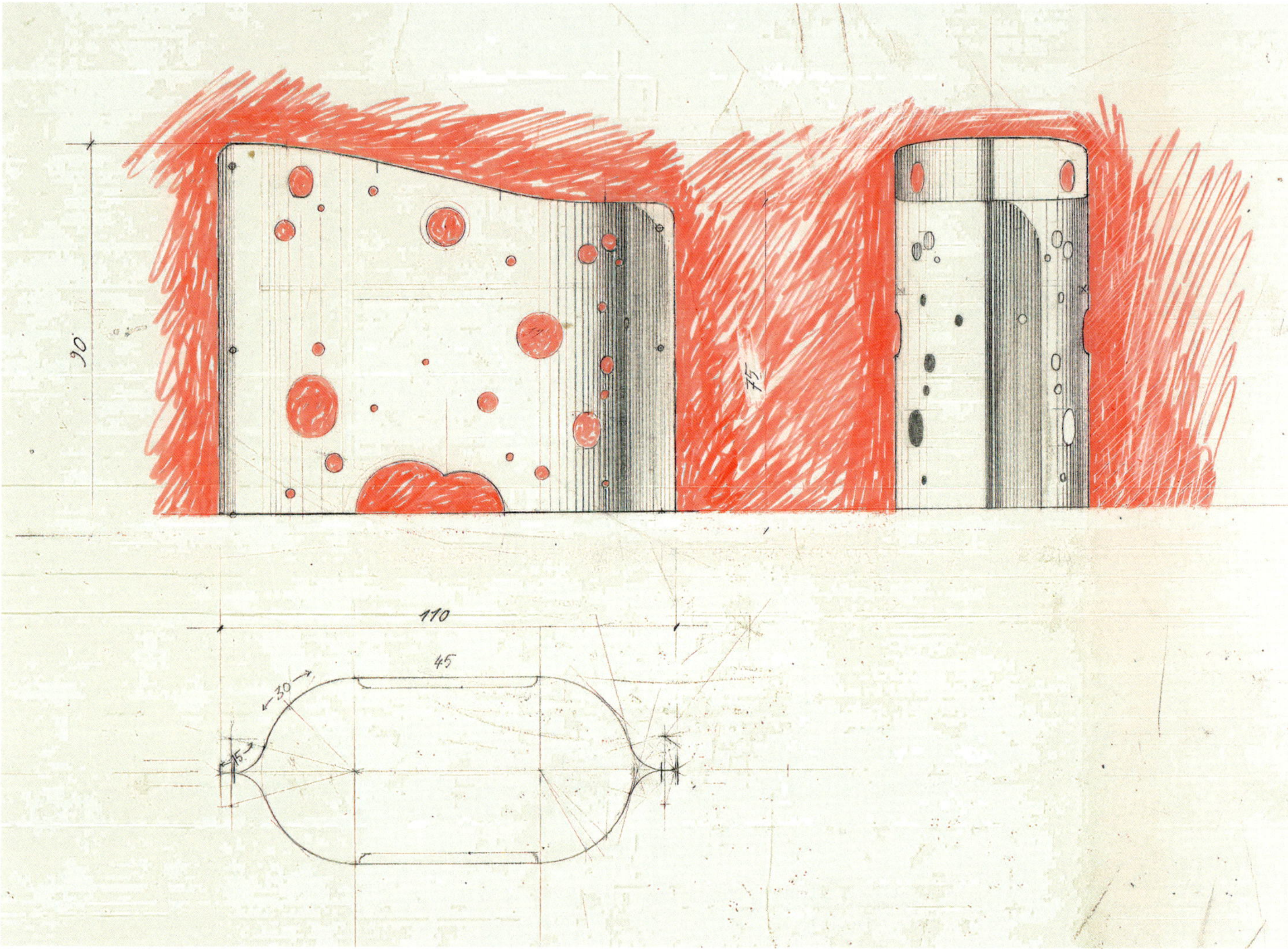

À gauche, dessin préparatoire.
À droite, berceau, pièce unique, 1968.

À gauche, cintres, deux tailles, réalisés à la demande d'Andrée Putman, vers 1970. Collection Edouard Bernard.
À droite, vue de l'usine à Nangis, vers 1970.

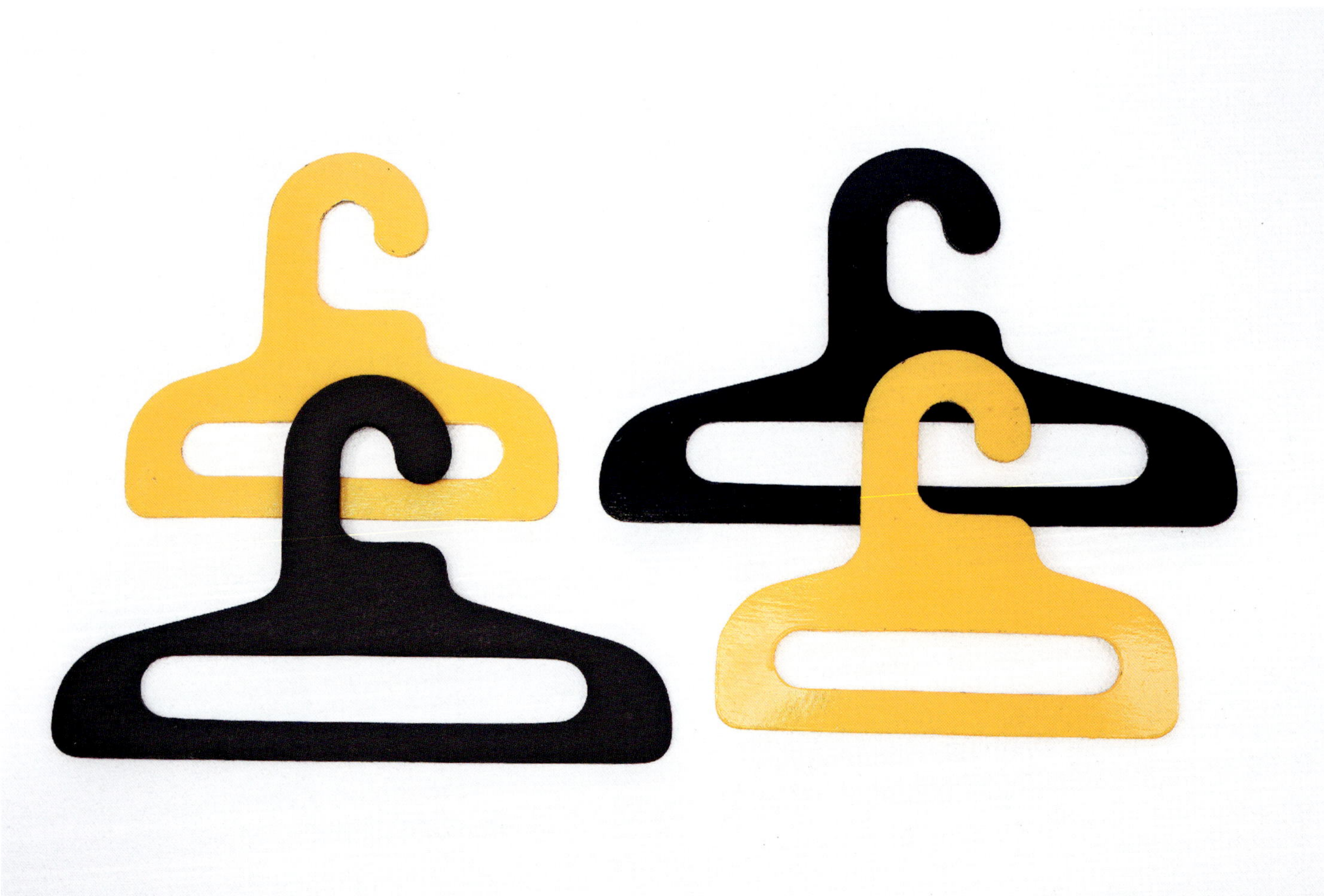

1935 Jean-Louis Avril naît le 21 avril à Saint-Nazaire. Il grandit à Tours, puis à Toulon.

1945 Il s'installe avec son père au Maroc. Il est scolarisé jusqu'à la fin de ses études secondaires au lycée Gouraud à Rabat.

1954 Il passe son baccalauréat à Tours, après avoir quitté le Maroc.

1955 Il intègre l'École nationale supérieure des beaux-arts dans l'atelier Perret, dirigé par Paul Herbé, chef d'atelier, assisté d'André Remondet.

1957 Jean-Louis Avril fait la connaissance de Michèle Marty.

1961 Proposé au Grand Prix de Rome pour l'architecture, il séjourne à Fontainebleau pendant un mois.

1964 Il est diplômé d'architecture par le gouvernement.

1965 Jean-Louis Avril épouse Michèle Marty.

1966 Les premiers prototypes de meubles sont réalisés, et le brevet d'invention est déposé le 15 avril.

Exposition des modèles de Jean-Louis Avril pour Ideal Home Exhibition à Londres.

1967 –1973 Déploiement de la collection, qui compte plus de 30 modèles.

1967 Il devient l'assistant d'Édouard Albert et est nommé enseignant à l'atelier Albert en janvier, puis au Grand Palais jusqu'en 1968.

Le premier modèle de fauteuil est déposé à la Spadem le 14 février.

Collaboration avec Hull Traders Ltd. Certains meubles sont présentés à *Expo 67* à Montréal.

Voyage à Londres pour célébrer la collection *Bonga*.

Présentation « Hilton-papier-Paris », dans l'hôtel Hilton à Paris, organisée par le Groupement français des fabricants de papier.

Équipement du pavillon français à l'Exposition universelle de Montréal de chaises en carton celloderme et exposition de certains meubles.

Avec Andrée Putman, il imagine une boutique de vêtements uniquement équipée de meubles en celloderme, rue Portalet à Saint-Tropez.

Exposition « Univers des jeunes » aux Galeries Lafayette.

Jean-Louis Avril participe à l'exposition « Made With Paper » au Museum of Contemporary Crafts à New York, du 18 novembre au 7 janvier 1968.

Après cette exposition : Présentation de meubles sur le pavillon français lors d'*Expo 67*, Montréal.

1968 Création du fauteuil *Éléphant* et de la lampe *Lune*.

Réalisation de socles pour une exposition de Pancino à la galerie du Luxembourg, Paris.

Exposition de meubles de Jean-Louis Avril, lors de l'exposition aux Floralies de Paris, « Les Assises du siège contemporain », du 3 mai au 29 juillet au musée des Arts décoratifs à Paris, et dans la section française de la XIVe Triennale de Milan, prévue du 23 juin au 28 juillet.

Naissance de Bernard, son premier fils.

1970 La famille déménage dans la tour Mexico, dans le quartier des Olympiades, au 26e étage, puis au 20^e

1973 La production des meubles Marty-L.A.C. cesse en raison de la crise économique qui se dessine et de la mort de monsieur Marty.

Naissance de son second fils, Antoine.

1974 Jean-Claude Maugirard présente dans son exposition « Rangements » une tour-bibliothèque de Jean-Louis Avril.

Maurice Besset, conservateur au musée de Grenoble, présente l'exposition « S'asseoir », où sont exposés les meubles pour enfants de Jean-Louis Avril.

1976 Il obtient un contrat de recherche avec le CORDA, qui porte sur les systèmes et éléments de l'architecture moderne.

1979 Jean-Louis Avril obtient un second contrat développant la « Formation de la modernité, XVIIIe-XIXe siècle ».

1984 Il enseigne à l'UP6 (ENSA) dans le cadre du certificat d'histoire de l'architecture avec Pierre Joly et Philippe Sers.

1985 Exposition sur le design du musée de Saint-Étienne.

1988 Exposition sur le design du musée de Bordeaux.

2000 Son activité d'enseignant s'achève.

À partir des années 2000, il oriente sa création vers le mobilier en métal. Il crée une collection intitulée Orthogon, qui est d'une grande résistance et d'une grande élégance.

2001 Exposition « Les années Pop » au Centre Pompidou, 15 mars au 18 juin 2001.

2007–2017 Présentation de la chaise en celloderme au dernier étage du musée des Arts décoratifs en hommage à l'exposition de 1968 « Les Assises du siège contemporain ».

2010 Rétrospective du musée des Arts décoratifs à Paris, « Mobi boom, l'explosion du design en France, 1945–1975 ».

2011 Rétrospective Jean-Louis Avril aux Puces du design, quai de la Loire, par Flavien Gaillard, 6-8 mai.

2024 Exposition « L'Enfance du design » au Centre Pompidou, du 25 avril au 12 août 2024.

Catalogues d'exposition

Made With Paper, Museum of Contemporary Crafts, New York, 1968

Les Assises du siège contemporain, musée des Arts décoratifs, Paris, 3 mai–29 juillet 1968, p. 32, 33

S'asseoir : exposition juin-octobre 1974, musée de Grenoble, 1974, p. 43

XIVe Triennale de Milan, 1968

Les Années Pop, Centre Pompidou, Paris, 2001

L'Enfance du design, Centre Pompidou, Paris, 2024

Presse

Arts ménagers, n°243, avril 1970, p. 57

Arts ménagers – Cuisine magazine, n°4, janvier 1971, p. 67

Arts ménagers, n°12, novembre 1971, p. 35

Arts ménagers – Cuisine magazine, n°13, décembre 1971, p. 81

Arts ménagers – Cuisine magazine, n°15, mars 1972, p. 54

Arts ménagers et cuisine, n°12, octobre 1973, p. 55

Les Cahiers de l'ameublement, cahier n°2, « Les enfants dans la maison », Unifa, p. 20–21

Domus, n°466, septembre 1968

Écho de la mode, n°33, 16 au 22 août 1966, p. 55

Écho de la mode, n°36, 7 au 13 septembre 1969, p. 48

« Une bombe ; les meubles en carton », *ELLE*, 1967

ELLE, n°1112, 13 avril 1967, p. 162-163

ELLE, n°1257, 19 janvier 1970, p. 76

ELLE, n°1348, 13 octobre 1971, p. 109

ELLE, n°1424, 2 avril 1973, p. 101

R. Pradines, « Le règne du tout-en-carton », *L'Humanité*, 23 février 1968

Gilles de Bure, *L'Immobilier*, n°60, 15–29 juin 1967

Gilles de Bure, *L'Immobilier*, n°65

Gilles de Bure, *L'Immobilier*, n°72, 18 janvier–1e février 1968

Le Journal de la maison, n°3, mai 1968, p. 38

Le Journal de la maison, n°4, juin–juillet 1968, p. 10, 45

Le Journal de la maison, n°35, avril 1971, p. 47

Le Journal de la maison, n°48, mai 1972, p. 10

Le Journal de la maison, n°49, juin 1972, p. 58

« Les chambres d'enfants », *La Maison de Marie-Claire*, n°8, octobre 1967, p. 30

La Maison de Marie-Claire, n°8, octobre 1967, p. 30

La Maison de Marie-Claire, n°13, mars 1968

« Le grand jeu des couleurs », *La Maison de Marie-Claire*, n°14, avril 1968, p. 51-54

La Maison de Marie-Claire, n°15, mai 1968, p. 69

« Les meubles en carton », *La Maison de Marie-Claire*, n°15, mai 1968, p. 68-69

La Maison de Marie-Claire, n°27, mai 1969, p. 88, 89, 117

La Maison de Marie-Claire, n°28, juin 1969, p. 168, 170

La Maison de Marie-Claire, n°32, octobre 1969, p. 52

La Maison de Marie-Claire, n°37, mars 1970, p. 67

La Maison de Marie-Claire, n°49, mars 1971, p. 80

La Maison de Marie-Claire, n°50, avril 1971, p. 16

La Maison de Marie-Claire, n°88, juin 1974, p. 51

Maison et jardin, n°177, octobre 1971, p. 141

Maison et jardin, n°180, février 1972, p. 45

Meubles et décors, avril-mai 1968, page de couverture, p. 36, 37, 39

Meubles et décors, n°836, octobre 1968, p. 41

Meubles et décors, n°844, novembre 1968, p. 18, 21, 97

Le Monde magazine, n°53, samedi 18 septembre 2010, p. 70

L'Œil, n°160, avril 1968

L'Œil, n°164–165, août-septembre 1968, p. 82

Opus, n°22

« Une mine de papier mâché », *Paris-Presse*, 6 juin 1967

Pénéla, n°52, mars 1972, p. 41

Pénéla, n°59, octobre 1972, p. 47

Pénéla, n°60, novembre 1972, p. 83

Plaisir de la maison, n°77, mai 1972, p. 83, 109

Plaisir de la maison, n°93, décembre–janvier 1974, p. 60, 65

Réalités, n°267, avril 1968, p. 103

Ouvrages

Arlette Barré-Despond, *Dictionnaire des arts appliqués et du design*, Paris, éditions du Regard, 1996, p. 50

Anne Bony, *Meubles et décors des années soixante*, Paris, Éditions de l'Amateur, 2003, p. 208

Anne Bony, *Esprit meuble design. L'évolution esthétique de l'Antiquité à nos jours*, Paris, éditions du Regard, 2013, p. 95

Gilles de Bure, *Le Mobilier français 1965–1979*, Paris, éditions du Regard, 1983, p. 26, 30, 31, 32, 88

Gilles de Bure, *Intérieurs. Le mobilier français 1965–1979*, vol. I, Paris, éditions du Regard, 1983, p. 30-31

Laurent Chollet, *60–70, mon enfance, mon adolescence*, Paris, Hors Collection, 2003, p. 12

Olivier Leblois, *Carton, mobilier/éco-design/architecture*, Paris, éditions Parenthèses, 2008, p. 69

Travaux universitaires

Jean-Louis Avril, « Formation de la modernité », rapport final de recherche, École d'architecture de La Villette, Paris, 1986

Nous tenons à remercier en tout premier lieu Jean-Louis Avril et sa famille pour leur confiance. Que ce livre soit le témoignage de notre sincère passion pour son œuvre.

Que soient sincèrement remerciés :
Fabienne Albertini Cohen
Luc Allemand
Simon Andrews
Michael Bargo
Damien Barrioz
Jacques Barsac
Christophe Batard
Agathe de Bazin
Capucine et Scarlett Bernard
Liliane et Lucien-François Bernard
Robin Beyries
Alexandre Biaggi
Bertrand Bigaudet
Guy Bloch-Chamfort
Alain Blondel
Cyril Blot-Lefèvre
Julie Blum
Anne Bony
Jean-Baptiste Bouvier
Lew Briand
Hadrien Brissaud
Arthur Bruet
Beverly Bueninck
Serge Cajfinger
Louis Cane (†)
Alexandre Canton
Famille Capron
Pierre Cardin (†)
Frédéric Cassin
Guillaume de Casson
Marine de Cenival
Guillaume Cerruti
Philippe Chapeau
Sylvain Chauveau
Benjamin Chelly
Amélie-Margot Chevalier
Guillaume Clauss Nasta (†)
Marion Clermont
Laurent Coignard
Charlotte Collet
Christophe Comoy
Cristina Cordula
Jean-Eudes Coué
Pascal Cuisinier
Stéphane Danant
Geoffroy Dasse
Eric Dussap
Olivier Dwek
Emmanuel Eyraud
Guilhem Faget
Damien Feillet
Hippolyte de la Ferronière
Thomas Fritsch
Véronique Fromanger
Mélinda, Liv et Léo Gaillard
Natacha et François Gaillard
Jean-Louis Gaillemin
Sonja Ganne
Victoire Gineste
Andrew Gn
Pierre Gosselin
Alexandre Goult
Jeffrey Graetsch
Maxime Grail
Célia Gras
Alan Grizot
Vincent Guérard
Sébastien Guibert
Alexandre Guillemain
Paul Guyot-Sionnest
Mikael Habchi
Alain-René Hardy
Cristina Haselerhansen
Denis Hasser
Yves Hayat
Octave Hazan
Alexander Heminway
Christopher et Didier Herzog
Valentin Huerre
Michael Jefferson
Patricia, Karine, Philippe et Matthias Jousse
Victoire Jungers
Nicolas Kaenzig
Fredrik Karlsson
Didier Krzentowski
Jacques Lacoste
Mia Lacoste
Jacques Lafon
François Laffanour
Alexandra de Lambilly
Darius Langmann
Luis Laplace
Adrien Legendre
Thomas Leporrier
Hervé Loevenbruck
Katryn Lovegrove
Fabrice Luzu
Hugues Magen
Christophe Magnanz
Ilan Malet
Astrid Malingreau
Éléonore Malingue
Frédérique Marchand
Daniel Marchesseau
Félix Jr. Marcilhac
Caroline de Marco
Pierre-Emmanuel Martin-Vivier
Tandredi Massimo di Roccasecca
Céline et Fabien Mathivet
Jacob Matthews
Sophie Mechaly
Jean-Philippe Mercier
Darius Metcalf
Thierry Meunier
Christian Meyer (†)
Sacha Meyer
Éric Michelot
Ivan Mietton
Jean-François Minois
Miss. Tic (†)
Jean-Christophe Moinet
Sébastien Moinet Bechard
Carlos Moïta
Ludovic Moitié
Christophe Monange
Simon de Monicault
Gérald Moreau
Laurent Moreux
Jeremy Morrison
Gladys Mougin
Agnès Mulon
Anthony Naoum
Fabien Naudan
Stanislas et Yolande Neff
Mathieu Néouze
Olivier Omnes
Bill Pallot
Francesco Paolini
Éric Parduyns
Marc-Antoine Patissier
Alexander Payne
Jonathan Pergay
Pernette Perriand
Sophie Picard
Laetitia Pinseau
Andrée Putman (†)
Pierre Paolo Serrano
Éric Petaud
Damien Pierre
Éléonore Poitiers
Pierre-Émile Pralus
Judith Price
Stéphane Quatresous
Benoît Ramognino
Karine Rappinat
Stéphane Rau
Renaud Régnier
Mathieu Richard
Daphné Riou
Marc Roubaud
Vincent Roubaud
Bruno Rousseaud
Odin Roux
Julia Rouzaud
Constance Rubini
Hugo Rubini
Fassi Rusty
Mathieu Samuel
Élodie Sanson
Juliana Santacruz
Caroline Sarkozy
Philippe Segalot
Patrick Seguin
Nathalie et Julien Seroussi
Helin Serre
Christian Smedt
Bernard Spitz
Julien Spitzer
Denis Stutzinger
Marie-Pascale Suhard
Laurent Sully-Jaulmes
Capucine Tamboise
Antoine Tarallo
Grégoire Thibault
Éric Touchaleaume
Xavier Tourneboeuf
Victoria Tudor
Julien Vandromme
Franck Varin
Cécile Verdier
Jean-Claude Vrain
Ludovic Watine
Jean-Jacques Wattel
Arthur Yedid
Arco Yu
Marie-Alexandrine Yvernaut

Ainsi que ceux qui ont souhaité garder l'anonymat.

Anne Bony souhaite exprimer sa gratitude à la bibliothèque des Arts décoratifs et à la bibliothèque Forney, qui l'ont accueillie dans le cadre de ses recherches.

Flavien Gaillard tient à remercier ses parents, sa femme, Mélinda, et ses enfants, Liv et Léo, pour leur patience, leur amour et leur soutien de tous les jours.

Edouard Bernard dédie ce livre à ses parents, premiers témoins à avoir été envahis par sa passion du celloderme, à sa femme, Capucine, et sa fille, Scarlett.

Coordination éditoriale
Virginie Hagelauer
assistée d'Emma Gourault

Révision
François Grandperrin

Typographies
Rauschen B et Corento

Conception graphique
Pilote Paris
Yannick James, Mathieu Mermillon, Yannis Pérez & Lorraine Charriere

Photogravure
Graphium

Photographie:
Archives Jean-Louis Avril : 4, 11, 13, 14, 15, 17, 18, 28, 29, 30, 31, 32, 33, 44, 46, 52, 61, 70, 72, 74, 75b, 75h, 76, 91, 104, 105, 107
Archives Jean-Louis Avril / Photo Laurent Sully Jaulmes : 21, 25, 56, 58, 86
Archives Jean-Louis Avril / Photo Clovis Prévost : 20g, 67, 76
Archives Edouard Bernard : 16, 27, 35, 36, 43, 51
Laurent Sully Jaulmes : 19, 55, 64-65
Clovis Prévost : 34
Benjamin Chelly : 39, 53, 54, 57, 59, 60, 63, 66, 68, 71, 73, 78, 81, 87, 89, 90, 92, 93, 94-95, 96, 99, 100, 101, 103, 106
DR : 6, 9, 12, 20d, 22, 23, 24, 26, 37, 38, 40, 49, 62, 69, 77, 79, 80, 82, 83, 84, 85, 88, 97, 98, 102

Cet ouvrage a bénéficié du soutien de :

APPIA
art & assurance

RUBINI & ASSOCIES

CHRISTIE'S

ISBN 9782376660774

149, rue de Rennes, 75006 Paris, France
www.editions-norma.com

Achevé d'imprimer en septembre 2025 sur les presses de Livonia Print, Lettonie